改訂版

KBSの韓国語
ラジオドラマ

KBS韓民族放送チーム 著

山下 透 訳

KBS한국어 라디오드라마

本書は、2008年10月に発行された『KBSの韓国語 ラジオドラマ』（発行 HANA・発売アルク）が基になっています。改訂版の制作に当たりましては、オリジナルの音声とスクリプトはそのままに、訳文とレイアウトを見直し、語注を付け直すなどの改訂を編集部で行いました。

【音声のダウンロード方法について】
本書の音声は、小社ウェブサイトからダウンロードしてお使いください。小社トップページ（https://hanapress.com）の「ダウンロード」バナーから「ダウンロードのご案内」ページに移動し、本書タイトルをクリックすることでファイルをダウンロードできます。スマホをお使いの方は右のQRコードから該当ページに直接移動できます。

※ファイルはZIP形式で圧縮されていますので、お使いの機器で解凍していただく必要があります。ファイルをうまく取得できない場合、同ページの「Q&A」をご確認ください。

はじめに

　「ポラムちゃん家^ち」は2000年11月から2008年4月まで、KBS韓民族放送（旧・社会教育放送）で毎日放送されていたラジオのホームドラマです。KBS韓民族放送は、北朝鮮や中国、ロシアなどに住む韓国人の同胞に向けて「今の韓国」を伝える放送です。「ポラムちゃん家」はそのような目的により企画されたドラマで、中流階級の家庭におけるさまざまな出来事を題材に、季節の話題も盛り込みながら構成されています。また、平凡な家庭での出来事ではありますが、家族や周辺の人たちが繰り広げる人間模様を通じて、韓国人の喜怒哀楽をたっぷりと知ることができます。

　私が韓国語の勉強を始めた1970年代にはこのようなホームドラマが多数放送されていて、日本で韓国のラジオ放送を直接受信しながら、毎日のように聞いていました。韓国では1980年代初めまではテレビよりラジオが全盛期で、公共放送のKBSのほか、民放でもラジオドラマがたくさん放送されていました。しかし、テレビに主流メディアの座を取って代わられ、番組の多くは娯楽志向から、ニュースや生活情報といったものに変わり、このようなラジオドラマは姿を消していきました。これは大変残念なことですが、読者の皆さんは、本書に収録された9編の作品を通じて、ラジオドラマの世界を味わうことができるようになりました。ラジオドラマは、リスニングはもちろん、さまざまな表現を学習したり、会話における標準的なイントネーションの練習をしたりするには格好の素材といえます。テレビドラマでは映像を通じた目から入る情報により多少言葉が分からなくとも分かった気になりますが、ラジオドラマでは全神経を耳に集中することになりますから、勉強にも身が入ると思います。さらに本書には、ドラマの音声だけでなく、韓国語の原文と訳文、そして語注も掲載されています。まずは、ラジオを聞くような感じでCDを聞いてみると、自分の韓国語理解力がチェックできます。聞き取れなかった箇所や自分の知らない単語・表現は原文や訳を見て確認することができます。十分に内容を理解できるようになったら、今度はアクセントに注意しながらシャドーイングの練習に活用することも可

能です。

　主人公のポラムをはじめとした3世代の家族、そして親戚、近所の人、職場の関係者まで登場するこの作品では、尊敬語たっぷりの表現から、目下に対するぞんざいな表現まで、さまざまな言葉遣いが用いられています。従来の学習書で見たことはあっても、耳で聞いたり口にしたりしたことのなかった表現も多数あるでしょう。本書はこれまで韓国語の教材としてはなかったジャンルのものとして、スタッフの意気込みたっぷりの仕上がりになっています。生きた言葉を学習できる教材として、ぜひ有効活用していただければ幸いです。

　本書を思い立ったきっかけは、KBSの金成恩アナウンサーが2007年9月にNHKで韓国語のセミナーをされた際、韓国語の自然なイントネーションの習得には、ラジオドラマを活用するのが良いと発言されたことによります。その話をHANAの裵正烈社長と、二十数年来付き合いのあるKBS韓国語チームの朴英珠チーム長にお伝えしたところご賛同いただき、さらに「ポラムちゃん家」の制作関係者の皆さんのご理解によって出版を実現することができました。そしてこの本は、契約の終了により一度は絶版となりましたが、復刊を願う声を受けて、今回およそ10年ぶりに復刊される運びとなりました。

　この改訂版はいわば、学習者の皆さんからの声によって再び表に出ることになりました。新型コロナウイルスの感染拡大によって、語学学校での学習の機会が難しくなった反面、オンライン形式の授業や仲間との自主学習の機会が増えましたが、それまでとは違った形の学習法として、本書をシナリオにしてオンラインで「なりきり『ポラムちゃん家』」を演じてみるのも効果的な学習法の一つとしてお勧めしたいと思います。

　改訂版の刊行に当たり、再びご尽力くださったHANAの裵正烈社長と編集部の皆さん、そしてKBSの皆さんに改めて謝意を表したいと思います。

2021年10月　訳者

目　次

作品紹介

「보람이네 집」 （脚本：송정림、박길숙）

　ラジオドラマ「보람이네 집（ポラムちゃん家）」は、2000年11月から2008年4月までKBSラジオ韓民族放送で、海外に在住する韓国人同胞に向けて放送されました。韓国社会と人々の暮らしぶりを伝えることを目的として制作された、一般的な韓国の中流家庭を中心に繰り広げられるホームドラマです。

　ドラマの主人公ポラムは小学4年生の利発な少女。読書家で学校では模範的な優等生ですが、時には大人顔負けのことを言って周囲を驚かせます。ポラム一家は、ソウル江北の団地型マンションに住んでおり、貿易会社に勤める家族思いのお父さんと良妻賢母を絵に描いたような専業主婦のお母さん、ボランティアに習い事にと忙しいおばあさんの4人家族です。ポラム一家と家族ぐるみの付き合いをしているチェドン一家も同じ団地の住人で、いつも笑いの絶えないユニークな家族。ドラマはこの二つの家族の日常生活を中心に、韓国の年中行事や教育、衣食住の問題といったテーマを盛り込みながら韓国の姿をありのままに伝えてくれます。

※本書にはドラマが放送された2000〜2008年の韓国の世相や家庭の状況が
　反映されています。現在の韓国の状況とは異なる部分もあります。

登場人物紹介 ※下記の年齢は数え年という想定です。韓国では一般的に数え年を使います。

- ポラム一家

윤보람 11歳 보람 (ポラム)。ソウルの「銀杏村」という団地に住んでいる、読書好き
で利口な小学4年生の女の子。学校では模範的な優等生だが、大人
の世界をよく知っており子どもらしからぬ発言をすることもある。

윤영진 43歳 보람 아빠 (ポラムの父)。貿易会社の企画室部長。家族思いで親孝行
なごく一般的な韓国のお父さん。チェドンの父とは兄弟のような付き
合いをしている。

박미경 39歳 보람 엄마 (ポラムの母)。良妻賢母と近所での評判の高い専業主婦。
教育熱心でポラムに小言を言うこともある。

방순녀 65歳 보람 할머니 (ポラムの祖母)。良家の箱入り娘として育てられ、少しわ
がままを言うこともある。ボランティア活動やカルチャーセンター、ダン
スのけいこなどに忙しい。

- チェドン一家

전재동 15歳 재동 (チェドン)。勉強があまり得意でない中学2年生の男の子。奇抜
なアイデアの持ち主で周囲はいつも笑いが絶えない。

전상준 45歳 재동 아빠 (チェドンの父)。アパレル関係の会社を経営している。お人
よしだが、せっかちでたまに失敗することもある。

이성애 42歳 재동 엄마 (チェドンの母)。おしゃべり好きで活発な性格だが、寂しが
りな一面も持っている。夫の会社がうまくいっていないので、最近有
機農法の食品店「みどり村」を始めた。

- その他の人々

윤영순 36歳 영순 (ヨンスン)。ポラムの父の妹。団地内で花屋を営んでいる。은비
(ウンビ)という1歳半の子どもがいる。

유인철 36歳 유 서방 (ユ・ソバン)。ヨンスンの夫。建設会社に勤務し、地方に単身
赴任中。月に1、2回家族に会いに来る。

이성희 30歳 성희 (ソンヒ)。チェドンの母の妹。アパレル企業でデザイナーをしてい
る。初恋に破れ、まだ独身でいる。

최환상 68歳 원장 (院長)。団地内にある韓方医院の院長。息子夫婦が米国に移住
し、一人暮らしをしている。

차무혁 33歳 차 대리 (チャ係長)。ポラムの父の男性部下。企画室係長。

윤소라 28歳 윤소라 (ユン・ソラ)。ポラムの父の女性部下。

本書に出てくる家族・親族名称など ※가나다라順

고모부 (姑母夫)：父の姉妹の夫。本書では「叔父さん」とした。

고부 (姑婦)：しゅうとめと嫁。

사돈 (査頓)：結婚によって結ばれた関係、姻戚。本書では「親戚」とした。

사촌 (四寸)：いとこ。

서방 (書房)：名字を前に付けて、婿や妹の夫、妻の妹の夫などを指す語。本書では、ポラムの祖母がヨンスンの夫ユ・インチョルを「유 서방」と呼んでいるが、日本語訳は「インチョル君」とした。

아가씨：妻が夫の妹を呼ぶ語。本書では、ポラムの母がポラムの父の妹ヨンスンに対して使っているので、日本語訳は「ヨンスンさん」とした。

아범：親が子どもを持った息子を指して言う語。お父さん。本書では、ポラムの祖母がポラムの父ヨンジンに対して使っているので、日本語訳は「ヨンジン」とした。

아주버님：女性が夫の兄を呼ぶ語。お義兄（にい）さん。

애비：「아비」のこと。子どもを持った息子を呼ぶ語。お父さん。本書では、ポラムの祖母がポラムの父ヨンジンに対して使っているので、日本語訳は「ヨンジン」とした。

에미：「어미」のこと。子どもを持った娘や嫁を呼ぶ語。お母さん。本書では、ポラムの祖母がポラムの母ミギョンに対して使っているので、日本語訳は「ミギョンさん」とした。

여보：夫婦が互いを呼ぶときに使う語。本書では夫からは妻の名前、妻からは「あなた」とした。

작은아빠：작은아버지のこと。父の弟、父方の叔父。

작은엄마：작은어머니のこと。父方の叔父の妻。

장모 (丈母)：妻の母、義母。

처제 (妻弟)：妻の妹。本書では、チェドンの父がチェドンの母の妹ソンヒに対して使っているので、日本語訳は「ソンヒ」とした。

형님 (兄-)：妻の兄、お義兄さん。または夫の兄の妻や夫の姉、お義姉（ねえ）さん。本書での訳は名前にした。

형부 (兄夫)：女性から見た姉の夫。本書では、チェドンの母が妹のソンヒと話すときに、ソンヒの立場から自分の夫を형부と言っているが、訳は「チェドンのお父さん」とした。

韓国語の言葉遣い

　ラジオドラマ「ポラムちゃん家」は生きた会話表現の宝庫です。これらを適切に習得できるよう、韓国語の言葉遣いについて学んでおきましょう。

　韓国語に限らず言語一般的に、敬語には大きく分けて二つの区別があるとされます。例えば「部長、お客さまがお待ちです」と言う場合は、「お客さまがお待ち（だ）」と文の主語である「お客さま」を高めると同時に、聞き手の「部長」に対しても「〜です」と丁寧語を使っていることが分かります。また一方で、ある大人が知り合いの子どもに対して「お父さんはお元気でいらっしゃるかい？」と聞く場合、言葉遣いはぞんざいですが、文の主語（お父さん）に対しては尊敬語を使って高めています。

　つまり、敬語にはまず、敬うべき人や物が話の中に出てきたときにそれを持ち上げるものがあり、「尊敬語」や「謙譲語」がこれに当たります。もう一つは、自分が話をしている相手（聞き手）に対して、丁寧な言葉を使うことで敬意を表すもので、日本語の敬語では、文末の「です・ます」によって表される「丁寧語」がこれに当たります。

- 尊敬語、謙譲語

　尊敬語は、-(으)시-を用言に付けて表します。ただし、먹다/마시다、자다、말하다、있다などの一部の用言は、드시다、주무시다、말씀하시다、계시다のように尊敬語が別の単語になることがあります。

선생님이 책을 <u>쓰셨다</u>.　先生が本をお書きになった。
어서 <u>드세요</u>.　早くお召し上がりください。

　謙譲語は「動作の受け手」に対して敬意を表すための敬語です。謙譲語には、尊敬語における-(으)시-のような統一的に使える形はなく、주다、데리다、물어보다、보다などの特定の単語に対応する、드리다、모시다、여쭤보다、뵙다/뵈다のような敬語形を個別に覚えることになります。

　この他、성함（이름の敬語）、연세（나이の敬語）、말씀（말の敬語）、~께（~에게の敬語）など、名詞や助詞の敬語形もあります。

- 待遇法 (丁寧語・ぞんざい語)

　韓国語の待遇法、つまり「言葉遣いの丁寧さ、ぞんざいさ」は、話し手が聞き手に対してどんな態度で話しているか、すなわちどのように「待遇」しているかを表すもので、「用言の終止形」によって表されます。

　日本語の丁寧語では、「だ・である」体 (常体) と「です・ます」体 (敬体) の二つの段階が区別されます。それに対して韓国語の待遇法は、主にかしこまった場や状況で用いる格式体とかしこまった場や状況ではあまり用いられない非格式体に分けられ、さらに、格式体は합니다体、한다体、하오体、하네体に、非格式体は해요体と해体に分けられます (左表)。格式体は、公的なスピーチや、新聞記事などの文章、ビジネスなどの場でよく使われ、その分、かたい印象を聞き手に与えます。それに対して非格式体は、やわらかく打ち解けた印象を表すことができるため、日常の会話で非常によく用いられます。

　なお、表の六つの言葉遣いのうち、하오体と하네体 (表内グレーの部分) は使われなくなってきていることもあり、通常学習者は、합니다体と해요体、そして해体、한다体までを学びます。しかし、多様な年齢の人物が登場し、生きた会話を繰り広げる本書のドラマでは、これらの言葉遣いの全てが登場しますので、それぞれの用例について見ていきましょう。

韓国語の言葉遣い

	格式体	非格式体
丁寧 ↑	上称 합니다体 (하십시오体)	略待上称 해요体
	中称 하오体	
	等称 하네体 (하게体)	パンマル 해体
↓ ぞんざい	下称 한다体 (해라体)	

※本書では平叙形による名称を使用していますが、韓国では命令形の名称 (かっこ内) が一般に使われます。

1. 합니다体

　格式体の中でも、最も丁寧な言葉遣いです。「上称」ともいいます。書き言葉、話し言葉を問わず、公的な場で多用されます。

平叙形	疑問形	命令形	勧誘形
-ㅂ/습니다	-ㅂ/습니까	-(으)십시오	-(으)십시다, -(으)시지요

※-(으)시지요は、形は해요体ですが、「勧誘」の意味を表す場合は합니다体に相当するというのが韓国・国立国語院の見解です。

그 사람은 한국 사람입니다. 彼／彼女は韓国人です。

어디서 왔습니까? どこから来たのですか？

이것을 보십시오. これを見てください。

2. 해요体

丁寧であると同時に親しみの込もった言葉遣いです。話し言葉でよく用いられ、ソウル方言に由来している形です。「略待上称」とも呼ばれますが、この「略待」とは、略式の待遇であることを示します。

平叙形	疑問形	命令形	勧誘形
-아/어요			

그 사람은 한국 사람이에요. 彼／彼女は韓国人です。

어디서 왔어요? どこから来たのですか？

이것을 봐요. これを見てください。

3. 해体

一般にパンマル (반말)と呼ばれるのがこの言葉遣いに当たり、「略待」とも呼ばれます。話し言葉で、目下や友人などに対して用いられますが、例えば本ドラマでヨンスンが母であるポラムの祖母にパンマルで話しているように、ごく親しい目上の人に使うこともあります。

平叙形	疑問形	命令形	勧誘形
-아/어, -야		-아/어	

그 사람은 한국 사람이야. 彼／彼女は韓国人だよ。

어디서 왔어? どこから来たの？

이것을 봐. これを見て。

4. 한다体

丁寧さの度合いが最も低い言葉遣いで、「下称」ともいいます。話し言葉ではかなり親しい間柄で用いられます。

平叙形	疑問形	命令形	勧誘形
-ㄴ/는다, -다	-냐, -니	-아/어라	-자, -자꾸나

그 사람은 한국 사람이다. 彼／彼女は韓国人だ。

어디서 왔냐? どこから来たんだ？

어디서 왔니? どこから来たの？

이것을 봐라. これを見ろ。

5. 하오体

対等な関係の、主に中年以上の人同士の会話で、相手を尊重しながら話すときに用いられる言葉遣いです。「中称」ともいいます。

平叙形	疑問形	命令形	勧誘形
-(으)오, -소		-(으)시오, -(으)오, -소, -구려	-(으)ㅂ시다

그 사람은 한국 사람이오. 彼／彼女は韓国人です。

어디서 왔소? どこから来たのですか？

이것을 보시오. これを見てください。

6. 하네体

中年以上の人々が、同じ地位または目下の人に対して用いる言葉遣いです。「等称」ともいいます。例えば、しゅうとやしゅうとめが婿に対して使ったり、上司が部下に使ったり、教授が学生に使ったりします。

平叙形	疑問形	命令形	勧誘形
-네, -(으)ㄹ세, -(으)이	-나, -는가, -(으)ㄴ가	-게	-(으)세

그 사람은 한국 사람이네※. 彼／彼女は韓国人だよ。

※「発見」を表す語尾-네(요)とは異なる語尾です。

어디서 왔는가? どこから来たんだい？

이것을 보게. これを見なさい。

第 (1) 話

명당을 찾아서

明堂を求めて

나오는 사람들

보람 할머니, 보람 아빠, 보람 엄마, 보람

재동 아빠, 재동 엄마, 재동

영순

第1話
명당⁰¹을 찾아서

TR 01 보람이네에서 이사 상담을 하는 영순

보할 뭐어? 아이, 이사를 하고 싶다고?

보엄 아가씨네 집 좋잖아요.
[조차나요]
왜 갑자기 이사를 하시려구요?

영순 아휴, 이 집에선 뭐 되는 일이 별로 없는 것 같아서요.
[되는 니리] [엄는]

보할 그게 무슨 소리야?⁰² 이사하면 일이 잘 풀린다는⁰³ 보장이 있어?

영순 엄마, 내 친구 순영이 알지?

보할 그래.

영순 순영이가 풍수지리학자 말을 듣고 이살⁰⁴ 했거든.

그랬드니⁰⁵ 순영이 남편 사업이 그렇게 잘된다네.
[그러케]
공부 못하던 아들 성적도 쑥쑥⁰⁶ 오르고 말야.
[모타던]
세상에⁰⁷, 그렇게 일이 잘 풀린다는 거야.

보할 아이고, 아이고, 그 말을 믿어?

영순 지푸라기라도 잡는 심정인 거지, 뭐.
[잠는]
너무 일이 안 풀리니까 혹시 집이라도 이살 하면 잘되지 않을까….

보엄 아이고, 참, 아가씨도. 명당자리⁰⁸ 라는 게 따로 있겠어요?
[명당짜리]
정붙이고⁰⁹ 살면 거기가 명당이지.
[정부치고]

보할 그래. 나도 같은 생각이다.

영순 언니¹⁰는 속 편하게 사니까 그런 소리 하시는 거예요.

明堂を求めて

[登場人物]
ポラムの祖母、ポラムの父、ポラムの母、ポラム
チェドンの父、チェドンの母、チェドン
ヨンスン

 ## ポラム家で引っ越しの相談をするヨンスン

ポ祖母	何？　引っ越しをしたいって？
ポ　母	ヨンスンさんの家、いいじゃない。 なんで急に引っ越しをしようとするの？
ヨンスン	ふう、この家で何かうまくいくことがあまりないようだから。
ポ祖母	一体何を言ってるの？　引っ越しすれば、事がうまく運ぶという保障があるの？
ヨンスン	お母さん、私の友達のスニョン、知ってるでしょ？
ポ祖母	うん。
ヨンスン	スニョンが風水地理学者の話を聞いて引っ越しをしたのね。 そうしたら、スニョンのご主人の事業がそりゃうまくいくんだって。 勉強できなかった息子の成績もぐんぐん上がってさあ。 なんとまあ、すごく事がうまく運ぶんだって。
ポ祖母	やれやれ。その話を信じるの？
ヨンスン	わらをもつかむ気持ちなのよ。 あまりにも事がうまくいかないから、ひょっとして家でも引っ越しをすればうまくいくんじゃないか…。
ポ　母	やれやれ、本当に、ヨンスンさんも。明堂所っていうのが特に別にあるの？ 情を注いで暮らせば、そこが明堂でしょ？
ポ祖母	そうだよ。私も同じ考えだよ。
ヨンスン	お義姉さんは気楽に暮らしてるから、そんなこと

01 명당 (明堂)：風水が非常に良いとされる墓地や家の敷地

02 그게 무슨 소리야？：「それは何の話なのか？」。ここでは「一体何を言ってるの？」とした

03 풀리다：解決する、解ける、ほどける。ここでは「運ぶ、うまくいく」とした

04 이살：「이사를」のこと

05 -드니：「-더니」のこと。理由・逆接・確定条件を表す語尾。～したので、～したが、～したところ

06 쑥쑥：勢いよく成長するさま。すくすく、ぐんぐん

07 세상에 (世上-)：なんとまあ、実に、一体

08 명당자리：墓地として最高の場所、非常に良い場所や地位。ここでは「明堂所（どころ）」とした

09 정부치다 (情---)：なじむ、情を注ぐ、親しく（なるように）する

10 언니：お姉さん。ここでは義理の姉に当たるので「お義姉さん」とした

오빠가 <u>속을 썩이길</u>¹¹ 해? 보람이가 <u>공불</u>¹² 못해?

게다가 시어머니가 <u>구박을</u>¹³ 해? 뭐가 답답하겠어요? 그러니까 이 집이 명
[답따파게써요]

당인 거지.

보활 넌 뭐가 그렇게 불만이 많냐? 이사하려면 그것도 스트레스고 돈이야. 명당

을 찾아서 이사하는 거라면은 난 반대다.

<u>그냥 눌러살어</u>¹⁴.

보엄 그렇게 해요, 아가씨.

영순 아유. 하여튼 엄마나 언니나 <u>고지식하셔</u>¹⁵ 갖구는.
[고지시카셔]

알았어요. 제가 <u>알아서 할게요</u>¹⁶.
[할께요]

(TR 02) 식사하는 보람이네 가족

보엄 어머니, 우리 아파트 앞에 초고층 아파트가 들어선다고 하네요.

보활 그래?

보아 아, 그럼 전망이고 햇살이고 뭐 , 그냥, 다 <u>가리는</u>¹⁷ 거 아냐?

보엄 안 그래도 그것 때문에 아파트 주민들이 난리가 났어요. 반대 서명 운동하
[날리]

려나 봐요.

보람 아, 그래서 아파트 앞에 아줌마들이 많이 모여 있구나.

보활 왜들 그렇게 <u>수선</u>¹⁸이야 ? 뭐, 앞에 아파트가 생기면 이웃이 많아져서 좋고,
[그러케]   [조코]
햇살이 너무 뜨거운 것을 막아 주면은 더 좋고, 뭐, 전망이야 아파트 안에서

볼 게 아니라 조금 나가서 걸어 가면서 보면 되고. 뭐, 그러면 됐지, 뭐.
[볼 께]

보아 아이구, 어머니 같은 분들만 계시면 건설업 하는 사람들 참 쉬울 거예요.
[건서러 파는]   [쉬울 꺼예요]

보엄 그러게 말이에요. 어머니랑 아가씨는 모녀지간 이지만 참 많이 다르세요.

を言うのよ。
兄さんが心配掛けることをする？　ポラムが勉強
ができない？
それにしゅうとめがいびる？　何も気が詰まるこ
とないじゃない？　だからこの家が明堂なのよ。

| ポ祖母 | おまえは何がそんなに不満が多いんだい？　引っ越そうとすれば、それもストレスだし、お金だよ。明堂を求めて引っ越しをするんなら、私は反対だよ。 |
| | |

そのままお暮らし。

| ポ　母 | そうしてよ、ヨンスンさん。 |

| ヨンスン | あーあ。とにかくお母さんもお義姉さんも、生真面目なんだから。
分かったわよ。自分で適当にやるわよ。 |

食事するポラム家の家族

ポ　母	お義母さん、私たちのマンションの前に超高層マンションが建つそうですよ。
ポ祖母	そうなの？
ポ　父	それじゃ、眺めも日差しも、みんな遮るんじゃないのか？
ポ　母	ちょうど、そのためにマンションの住民たちが大騒ぎしてるわよ。反対の署名運動をしようとしてるみたい。
ポラム	ああ、それでマンションの前におばさんたちがたくさん集まっているのね。
ポ祖母	どうしてみんなそんなに騒がしくするんだい？　前にマンションができればご近所さんが多くなっていいし、日差しが熱すぎるのを防いでくれればもっといいし、眺めなんてのはマンションの中から見るんじゃなく、ちょっと出ていって歩きながら見ればいいし。そうすればいいのさ。
ポ　父	お母さんみたいな人たちだけだったら、建設業の人たち、本当に楽だろうな。
ポ　母	そのとおりだわ。お義母さんとヨンスンさんは母

11 속 (을) 썩이다：心を痛める、ひどく悩ます、泣かせる。ここでは「心配掛ける」とした
12 공불：「공부를」のこと
13 구박 (駆迫)：いじめて苦しめること
14 눌러살다：居着く。ここでは「暮らす」とした
15 고지식하다：生真面目だ
16 알아서 하다：適当に判断して行動に移す、うまく処理する
17 가리다：遮る、ふさぐ、覆う
18 수선：騒がしいこと、やかましいこと

018

보할   얘, 말이 나왔으니까 하는 말인데.

보엄   에에.

보할   애비야.

보아   예.

보할   저, 니가 영순이 좀 말려 봐라[19], 응? 또 이사를 한댄다, 또.

보아   아이, 왜요?

보할   아, 뭐, 저기, 무슨 뭐, 명당자리를 알아보고 거기로 이사를 한대나 뭐래나?

       아이고, 일이 안 풀리니까 그냥 명당자리 찾아 이사를 한대요.

보아   아이, 또 부동산업자한테 사기당하는[20] 거 아니에요?

보할   모르겠다.

보아   아, 왜 지난번에도 한 번 그랬잖아요. 부동산업자가 달콤한 말로 꼬여서[21]거

       기 넘어가서는[22] 큰 손해를 보고….

       이번에도 그러는 거 아니에요?

보엄   아유, 여보. 그런 건 아니에요. 아직 결정한 건 아니고, 그냥 알아본다고 했
                                          [결쩡한]
       어요. 뭐, 명당자리로 이사할 만한[23] 곳이 있나 하고.
                              [인나]
보람   우리 선생님이 그러는데요, 명당은 마음속에 있는 거래요.
                                   [마음쏘게] [인는]
보할   뭐야?

보람   가장 유능한 풍수지리학자는 이렇게 말한대요.
                          [이러케]
       명당은 바로, 마음속에 있다구요.

보할   아이구, 우리 보람이가 고모보다 더 으른이[24]네.

보엄   그러게요.

と娘の間柄だけど、ほんとに全然違いますわ。

ポ祖母　ちょっと、話が出たから言うんだけど。

ポ　母　はい。

ポ祖母　ヨンジン。

ポ　父　うん。

ポ祖母　おまえがヨンスンをちょっと止めておくれよ、ね？
　　　　また引っ越しをするって言うんだよ、また。

ポ　父　なんで？

ポ祖母　何か、明堂所を調べて、そこに引っ越しをするとか
　　　　何とか？
　　　　やれやれ、事がうまく運ばないから、明堂所を求
　　　　めて引っ越しをするんだって。

ポ　父　また不動産業者にだまされてるんじゃないの？

ポ祖母　知らないよ。

ポ　父　この前も一度そうだったじゃないか。不動産業者
　　　　が甘い言葉でたぶらかして、それにだまされて大
　　　　損をして…。

　　　　今度もそうなるんじゃないか？

ポ　母　いや、あなた。そういうのじゃないわよ。まだ決め
　　　　たわけじゃなくて、ただ単に調べるって言ってたわ。
　　　　明堂所として引っ越すに値する所があるかしらって。

ポラム　私の先生が言うには、明堂は心の中にあるんだって。

ポ祖母　何だって？

ポラム　一番有能な風水地理学者はこう言うんだって。

　　　　明堂はずばり、心の中にあるって。

ポ祖母　ああ、うちのポラムが叔母さんよりもっと大人だね。

ポ　母　本当ですね。

19 말리다：(物事を)やめさせ
　 る、制する

20 사기당하다 (詐欺当--)：詐
　 欺に遭う、だまされる

21 꼬이다：「꾀다」のこと。た
　 ぶらかす、そそのかす、誘う
22 넘어가다：だまされる、欺
　 かれる

23 -(으)ㄹ 만하다：～に値す
　 る、～する価値がある

24 으른이：「어른이」のこと

(TR 03) 재동이네에서도

재아   명당을 찾아서?

재엄   응. 요즘 회사들은 다 풍수지리학자들한테 물어봐서 공장 자리 구한대잖아.
[공장 짜리]

      당신도 회사 자리 알아볼 거면 명당자리로 좀 알아봐요.
[아라볼 꺼면]

재아   아이, 뭐, 명당이 뭐, 따로 있겠어?

재엄   무슨 소리야? 하다못해[25] 응? 방에서 침대를 어디로 놔야 될지 책상을 어디
[하다모태]   [될찌]

      로 놔야 될지 다 풍수에 따라 놓는대는데….
[논는대는데]

재동   엄마 그럼요, 제가 공부 못하는 이유도 책상의 위치에 있지 않을까요?

재엄   뭐, 뭐?

재동   풍수지리학자한테 제 방의 구조에 대해서 좀 물어봐 주세요.

      아무래도 책상 위치가 안 좋은 거 같애요.

재엄   아이구, 무능한 목수가 연장[26] 탓을 한다고,

      니 공부 문제는 풍수지리학자한테 물어볼 게 아니라, 니 응? 이, 엉덩이에게
[무러볼 께]

      물어봐야 돼, 응?

재동   어…엉덩이요?

재아   엉덩이라니?

재엄   그래. 엉덩이 붙이고 앉아서 공부해 봐.

      그럼 성적이 쑥쑥 오를 테니까.

      공부를 뭐, 머리로 하는 줄 알아? 엉덩이로 하는 거지?

재아   재동이한테는 그러면서 왜 나한테는 명당 운운하는 거야?

재엄   어우, 재동이하고 같애? 응? 당신, 공장 어차피 옮길 거면 풍수지리학자한

      테 물어봐서 하라는 거지, 뭐.

チェドン家でも

チェ父 明堂を求めて?

チェ母 うん。このごろの会社はみんな風水地理学者に
聞いて、工場の場所を買うっていうじゃないの。あ
なたも会社の場所を探すんだったら、明堂所で
ちょっと探してよ。

チェ父 明堂が特に別にあるか?

チェ母 何言ってるの? 例えば部屋でベッドをどこに置
かなきゃならないとか、机をどこに置かなきゃなら
ないとか、みんな風水に従って置くっていうのに…。

チェドン お母さん、それならね、僕が勉強できない理由も、
机の位置にあるんじゃない?

チェ母 何だって?

チェドン 風水地理学者に僕の部屋の構造についてちょっ
と聞いてみてよ。
どうも机の位置が良くないようなんだ。

チェ母 やれやれ、無能な大工が道具のせいにするって、

おまえの勉強の問題は、風水地理学者に聞くん
じゃなく、おまえのお尻に聞かなきゃ駄目だよ。

チェドン お、お尻?

チェ父 尻だって?

チェ母 そうよ。お尻をくっつけて座って勉強してごらん。

そしたら成績がぐんぐん上がるから。

勉強を頭ですると思ってるの? お尻でするのよ。

チェ父 チェドンにはそう言いながら、なんで俺には明堂
をうんぬん言うんだい?

チェ母 チェドンとは違うでしょ? あなた、工場、どうせ
移すなら風水地理学者に聞いて、移してって言っ
てるのよ。

25 하다못해:せめて、どうに
もならなければ。ここでは
「例えば」とした

26 연장:道具、器具

재아 아유, 아유 알았어, 일단 알았어, 어.
[일딴]

(TR 04) **초록마을로 들어서는 재동 아빠**

재아 아이구.

재엄 어떻게 됐어? 공장 자리 좀 알아봤어요?
[어떠케]

재아 여보, 당신 말대로라면은 공장 옮기지 말아야 되겠는데?
[되겐는데]

재엄 응? 아니 왜?

재아 당신이 시킨 대로 풍수지리학자를 만나 봤는데 말야.
[봔는데]
지금 있는 공장 자리가 명당 중의 명당이래.

재엄 그래요?!

재아 아, 그래. 내가 일장²⁷ 연설만 듣다가 왔어. 그분이 뭐래는지 알아?
[일짱]
명당의 요소는 바로 마음에 달려 있다는²⁸ 거야. 그러니까 이 공장이 안된

다, 안된다, 하면은 진짜 안되는 거고 이 집에서 안 풀린다, 안 풀린다, 하면

은 진짜 안 풀린다는 거야.

재엄 아이 저 그러니까 명당을 만드는 것은 땅이 아니라 마음이다, 이거야?

재아 그렇지, 그렇지! 만일에 집도 명당으로 옮기고 싶으면 뭐, 우선은 그냥 뭐 책
[그러치]
상을 창 쪽으로 옮겨 본다든지, 가구를 조금 움직여 본다든지, 또 커튼을 새

로 달아 본다든지, 응? 그렇게 작은 변화을 줘 보는 것도 좋대.
[조태]

재엄 어, 그럼 내가 있는 자리를 명당으로 만드는 작업은 뭐, 별로 어렵지 않은

거네에~.

재아 그렇지 그렇지. 응, 마음만 잘 먹으면 되는 거지. 여기가 바로 세상 최고의

명당자리로세²⁹! 이렇게.

チェ父　分かったよ、いったん分かった。

 みどり村に入るチェドンの父

チェ父　ふう。

チェ母　どうなったの？　工場の場所、ちょっと調べた？

チェ父　ソンエ、おまえの言葉通りなら、工場移すのはやめないといけないんだけど？
チェ母　え？　いやなんで？

チェ父　おまえが言った通りに風水地理学者に会ったんだけどね。
　　　　今ある工場の場所が明堂の中の明堂だって。

チェ母　そうなの？

チェ父　そうなんだ。俺が一席、演説だけ聞いて帰ってきたよ。その方が何て言ったか分かるか？
　　　　明堂の要素は、すなわち気持ち次第だということなんだ。だから、この工場は駄目だ、駄目だと言ったら本当に駄目になるし、この家でうまくいかない、うまくいかないと言ったら本当にうまくいかないんだって。

チェ母　だから明堂をつくるのは、土地じゃなく気持ちだ、こういうこと？
チェ父　そうだよ、そうだよ！　万が一、家も明堂に移したければ、まずは単に机を窓の方に移してみるとか、家具を少し動かしてみるとか、また、カーテンを新しく掛けてみるとか、な？　そうやって小さな変化を与えてみるのもいいんだって。

チェ母　それじゃ私がいる場所を明堂にする作業は、あまり難しくないのね。

チェ父　そうだよ、そうだよ。気持ちさえちゃんとすればいいんだよ。ここがすなわち世の中で最高の明堂所だぞ！とこんなふうに。

27 **일장 (一場)**：一席、ひとしきり
28 **마음에 달려 있다**：「心に左右される」。ここでは「気持ち次第だ」とした

29 **~로세**：感嘆のニュアンスを含む語尾。〜だよ、〜だなあ

ⓉⓇ 05 차 마시는 보람이네와 영순

보아　이사를 안 하기로 했다구?

영순　네, 오빠.

보할　왜? 명당자리로 이사해서 인생 대박을 한번 쳐 보시지?

영순　음, 엄마도 치…. 지난번에 말한 순영이 있잖아요.

보할　응. 명당자리로 이사해서 인생 대박을 만났다는 그 친구?

영순　네. 그 친구네 남편이 사업이 쫄딱[30] 망해 갖구 아주 난리가 났대요.
　　　　[쫄땅 망해]

보엄　아이구 , 그거 보세요.

　　　　아가씨, 명당이 따로 있는 게 아니잖아요. 마음 붙이고 살면 거기가 바로 명

　　　　당이에요.

보아　그래, 뭐 명당이 따로 있어? 꾸중 들은 아이가 혼자 찾아가서 마음을 위로
　　　　　　　　　　　　　　　　　　　　　　　　　　　　　　　　[위로
　　　　받는 공간이 곧 명당이요, 사랑을 잃은[31] 사람이 창문을 열어 하늘을 볼 수
　　　　반는]　　　　　　　　　　　　　　　　　　　　　　　　　　　　[볼 쑤]
　　　　있는 방이 곧 명당이지.

보할　그렇지.

보아　또 어, 위로 받고 싶을 때 혼자 음악을 들을 수 있는 쪽방[32]이 곧 명당이고,

　　　　식구들하고 이렇게 한가로이 차를 마실 수 있다면 그 또한 명당 아니겠어?

보엄　맞아요.

보할　그럼 그럼. 편안한 기운이 느껴지고, 마음 편안히 쉴 수 있는 곳이라면, 아,

　　　　거기가 바로 이 세상 최고의 명당인 게야.

영순　그러니까 결국, 명당은 찾는 것이 아니라 내가 선 자리를 명당으로 만드는
　　　　　　　　　　　　　　　　　　　[찬는]
　　　　것이다, 그런 얘기죠?
　　　　　　　　[그런 내기조]

보할　그래. 이제 알았냐? 으이구… 명당자리 찾아서 이리저리 알아보는 시간에,
　　　　　　　　　　　　[아란냐]

お茶を飲むポラム家とヨンスン

ポ 父 引っ越しをしないことにしたんだって？

ヨンスン うん、兄さん。

ポ祖母 なんで？ 明堂所に引っ越しして、人生大当たり
を一発打ってごらんなさいな？

ヨンスン もう、お母さんも…。この前話したスニョンいる
じゃない。

ポ祖母 うん。明堂所に引っ越しをして、人生大当たりに
出合ったっていうあの友達？

ヨンスン そう。その友達のご主人が、事業が完全に駄目に
なって、すごい大変だそうなの。

ポ 母 あれまあ、それ見なさい。

ヨンスンさん、明堂が特に別にあるってわけじゃ
ないじゃない。心を寄せて暮らせば、そこがすな
わち明堂よ。

ポ 父 そうさ。明堂が特に別にあるか？ 叱られた子ど
もが一人で訪ねて行って、心を慰められる空間が
すなわち明堂であり、恋に破れた人が窓を開けて
空を見られる部屋が、すなわち明堂なんだ。

ポ祖母 そうよ。

ポ 父 また慰められたいとき、一人で音楽を聞くことがで
きるちっちゃな部屋が、すなわち明堂で、家族たち
とこんなふうにのんびりお茶を飲むことができた
ら、それまた明堂じゃないかな？

ポ 母 そうよ。

ポ祖母 そうそう。安らかな気が感じられて、心安らかに休
むことができる所なら、そこがまさにこの世で最
高の明堂なんだよ。

ヨンスン だから結局、明堂は探すんじゃなく、自分が立っ
た場所を明堂にすることだ、そういう話でしょ？

ポ祖母 そうよ。やっと分かった？ 明堂所を探してあちこ

[30] **쫄딱**：完全に、すっかり

[31] **사랑을 잃다**：愛を失う。こ
こでは「恋に破れる」とした

[32] **쪽방**(-房)：人一人がやっと
の大きさの部屋。ここでは
「ちっちゃな部屋」とした

베란다에 꽃 한 포기 더 심고, 응? 유리창 맑게 한 번 더 닦아 봐.
[꼬 탄] [심꼬] [말께]

영순 알았어요, 알았어. 너무 뭐라고 그러지 말아요.

　　　　　　ち調べる時間に、ベランダに花をもう一株植えて、
　　　　　　ガラス窓をきれいにもう一度磨いてごらん。
ヨンスン　　分かったわ、分かった。あまり何だかんだと言わ
　　　　　　ないでよ。

第1話 チェック問題 <small>(解答はP.157)</small>

1 日本語に訳してみよう。

① 이사하면 일이 잘 풀린다는 보장이 있어?

② 공부 못하던 아들 성적도 쑥쑥 오르고 말야.

③ 언니는 속 편하게 사니까 그런 소리 하시는 거예요.

④ 하여튼 엄마나 언니나 고지식하셔 갖구는.

2 下記の表現を韓国語にしよう。

⑤ <u>わらをもつかむ</u>気持ちなのよ。

（　　　　　　　　　　　　） 심정인 거지, 뭐.

⑥ そのためにマンションの住民たちが<u>大騒ぎしてるわよ</u>。

그것 때문에 아파트 주민들이 (　　　　　　　　　).

⑦ 無能な<u>大工</u>が<u>道具のせいにする</u>って。

무능한 (　　　　　　　　　　　　) 한다고.

3 下記の表現を発音変化に気を付けて発音と意味を書こう。

	発　音	意　味
⑧ 하다못해		
⑨ 일단		
⑩ 쫄딱 망하다		

第 ② 話

같이 밥 먹는 사이

一緒にご飯を食べる間柄

나오는 사람들

보람 할머니, 보람 아빠, 보람 엄마, 보람

재동 아빠, 재동 엄마, 재동

第2話
같이 밥 먹는 사이

TR 06 식사 준비하는

보아 여보, 여보, 여보. 나 빨리 밥 줘. 밥, 빨리!

보엄 아우, 이제 곧 보람이 일어날 텐데, 같이 먹으면 늦어요?
　　　　　　　　　　　　　　　　　　　　　　　　　[가치]

보아 아이, 늦어. 지금 1분 1초가 아까워. 나 먼저 먹을게.
　　　　　　　　　　　　　　　　　　　　　　　　[머글께]

보엄 아이고, 참.

TR 07

보람 엄마, 엄마, 엄마! 나 밥 좀, 빨리요!

보엄 아, 저, 할머니 <u>약수터</u>[01] 가셨는데, 오시면 같이 먹자.
　　　　　　　　　　[가션는데]　　　　　　　[가치]

보람 아, 학교 <u>늦었어요</u>[02], 빨리 가야 돼요.

TR 08 전화벨 소리

보엄 여보세요?

보할 어, 에미야. 나다. 저….

보엄 네.

보할 너 먼저 밥 먹어.
　　　　　[밤 머거]

보엄 아유, 왜요, 어머니.

　　　　어머니 오시면 같이 먹으려고 기다리는데요?

보할 아휴, 약수터에서 원장님 만났는데, 이 근처에서 적당히 <u>요기</u>[03]하고 <u>가마</u>[04].

一緒にご飯を食べる間柄

[登場人物]
ポラムの祖母、ポラムの父、ポラムの母、ポラム
チェドンの父、チェドンの母、チェドン

 食事を準備している

ポ 父　ミギョン、ミギョン、ミギョン。早く飯ちょうだい。飯、早く！

ポ 母　もうすぐポラムが起きるだろうに、一緒に食べたら遅れるの？

ポ 父　遅れるよ。今1分1秒が惜しいんだ。俺は先に食べるよ。

ポ 母　もう、まったく。

ポラム　お母さん、お母さん、お母さん！　ご飯ちょっと、早く！

ポ 母　おばあちゃんが薬水場に行ったから、戻ったら一緒に食べよう。

ポラム　学校遅刻しそうなの。早く行かないと駄目なの。

 電話のベルの音

ポ 母　もしもし？

ポ祖母　あ、ミギョンさん。私だよ。あのう…。

ポ 母　はい。

ポ祖母　ミギョンさん、先にご飯食べて。

ポ 母　まあ、どうしてです、お義母さん。

　　　　お義母さんが戻ったら一緒に食べようと待ってるんですよ？

ポ祖母　あ、薬水場で院長さんに会ったんだけど、この近

01 약수터 (薬水-)：薬効があるという鉱泉水の出る所。ここでは「薬水場」とした

02 늦었어요：遅れました。ここでは「遅刻しそうなの」とした

03 요기 (療飢)：口しのぎ、軽く食べること、かろうじて飢えをしのぐこと

04 -(으)마：かなり年配の人が目下の相手に自分の意志や約束を示すときに使う語尾。〜するよ

보엄   예, 알았어요 어머니.

        아이구, 오늘도 나 혼자 아침밥을 먹네….
                      [아침빠블]   [멍네]

(TR 09) 초록마을에서

재엄   우리 집도 마찬가지야.

        많지도 않은 식구가 다 각각 밥을 먹는다니까.
        [만치도]   [멍는다니까]

보엄   재동이네도 그래요?

재엄   아이, 그럼. 오늘도 재동 아빠 먼저 새벽밥⁰⁵ 먹고 갔지.

        재동인 또 학교 늦는다고 하도 난리 쳐서 간단하게 시리얼 먹고 갔지.
                 [는는다고]   [날리]

        나 혼자 아침밥을 먹었어.

보엄   아이우, 저도 그래요. 혼자 밥을 먹는데, 맛도 없고, 뭘 먹는지도 모르겠고,

        아이.

재엄   밥은 같이 먹어야 맛있는데. 그치?
                [마신는데]

보엄   그러게요.

재엄   아휴, 요즘은 저녁도 식구 셋이 같이 먹을 때가 드물어.

보엄   우리도 그렇다니까요. 보람이 아빠는 회사에 접대가 있어서 거의 매일 늦
        [그러타니까요]   [매일 른]

        죠, 보람이는 학원⁰⁶ 가느라 일찍 먹고 가죠.
        쪼]   [일찍 먹꼬]

        어머님은 어머님대로 봉사 활동이다 취미 활동이다 식사 시간 맞추기 어려
                                       [활똥]

        워요.

        결국 식탁에 나 혼자 앉는다니까요.
                 [안는다니까요]

재엄   다들 그렇게 사나 봐, 응. 아이, 저, 왜, 예전엔 연속극⁰⁷ 보면 밥상 장면이 참
        [그러케]

くで適当に軽く食べていくから。

ポ 母　はい、分かりました、お義母さん。

　　　ああ、今日も私一人、朝ご飯を食べるのね…。

 みどり村で

チェ母　うちも同じよ。

　　　多くもない家族が、みんな各自でご飯を食べるんだから。

ポ 母　お宅もそうなの?

チェ母　そうよ。今日もチェドンのお父さん、先に明け方にご飯食べて行ったでしょ。
　　　チェドンはまた学校に遅れると言って、大騒ぎして簡単にシリアル食べて行ったでしょ。
　　　私一人、朝ご飯を食べたわよ。

ポ 母　私もそうよ。一人でご飯を食べるんだけど、おいしくもないし、何を食べてるのかも分からないし。

チェ母　ご飯は一緒に食べてこそおいしいのに。そうでしょ?

ポ 母　そうよ。

チェ母　ああ、このごろは夕食も、家族3人一緒に食べることが少ないのよ。

ポ 母　私たちもそうよ。ポラムのお父さんは会社で接待があって、ほとんど毎日遅いでしょ、ポラムは塾に行くから早く食べて行くでしょ。

　　　お義母さんはお義母さんで、ボランティア活動だの趣味の活動だの、食事の時間を合わせるのが大変なのよ。

　　　結局、食卓に私一人座るんだから。

チェ母　みんなそうやって暮らしてるようね。昔はドラマを

05 **새벽밥**：明け方にご飯を炊くこと、またその飯

06 **학원 (學院)**：塾、予備校

07 **연속극**：連続劇、ドラマ

많이 나왔잖아. 응? 식구들이 둘러앉아서[08] 밥상에서 이런저런 얘기하는 장면 말이야.

보엄 그랬죠. 특히 그, 일일 연속극[09]에는 거의 매일 식구 모두가 둘러앉아서 밥
[트키]
먹는 장면이 나왔죠.

재엄 그래. 아, 근데 요즘 연속극에는 밥상 장면이 거의 안 나오더라니까.

보엄 네, 정말 그러네요. 연속극이나 영화도 현실을 반영하는 걸 텐데. 그만큼 요즘은 식구들이 함께 모여서 밥 먹을 시간이 없다는 증건가 봐요[10].
[밤 머글 씨가니]

재엄 하루 세끼 중에서 온 가족이 다 밥상에 둘러앉아 밥을 먹을 수 있는 게 한
[머글 쑤]
끼나 될른지[11], 아이.

보엄 점심 식사도 각자 자신의 자리에서 따로따로 먹고, 저녁 식사 역시 그렇게 들어오는 사람 순서대로 따로따로 먹는 '따로 밥상', '혼자 식탁'이 돼 버렸
[버련
네요.
네요]

재엄 에유, 그래도 식사 준비를 하긴 해야지?

보엄 해야죠.

재엄 자, 시금치랑 콩나물, 두부 넣었어, 보람 엄마. 여기.

보엄 네, 네, 감사합니다.

(TR 10) 재동이네. 냉장고 여는

재동 어? 아이, 엄마. 냉장고의 채소[12]가 사망 직전이에요.

재아 아, 그래, 그래. 거[13] 과일도 병중이더라. 아 그, 정리 좀 해, 여보.
[정니]

재동 채소를 파는 분이 채소를 이렇게 푸대접해도[14] 돼요, 엄마?
[이러케] [푸대저패도]

재엄 아이구, 이게 다 누구 때문인데?

見たら、食事の場面が本当にたくさん出たじゃない。家族が食卓を囲んで、食事中にあれこれ話す場面のことよ。

ポ　母　そうだったよね。特に連続ドラマにはほとんど毎日、家族全員が食卓を囲んで食事する場面が出たわよね。

チェ母　そう、でも、最近のドラマには食事の場面がほとんど出ないんだから。

ポ　母　本当にそうよね。ドラマとか映画も現実を反映するはずだから。それほど最近は家族が一緒に集まって、ご飯を食べる時間がないという証拠みたいね。

チェ母　1日3食の中で、家族全員がみんな食事を囲んでご飯を食べられるのが、1食にもなるか。

ポ　母　昼食も各自自分の席で別々に食べて、夕食もやっぱり、そんなふうに帰ってくる人の順番通りに別々に食べる、「別々食膳」「一人食卓」になってしまったわね。

チェ母　ああ、それでも食事の支度をするにはしなくちゃね?

ポ　母　しなくちゃねー。

チェ母　さあ、ホウレンソウとモヤシ、豆腐入れたよ、ポラムちゃんのお母さん。これ。

ポ　母　はい、はい、ありがとう。

チェドン家。冷蔵庫を開けて

チェドン　うん?　あれ、お母さん。冷蔵庫の野菜が死亡直前だよ。

チェ父　そうだ、そうだ。そこ、果物も病気中だったよ。やれやれ、ちょっと整理してよ、ソンエ。

チェドン　野菜を売る人が、野菜をこんなに冷遇してもいいの、お母さん?

チェ母　これみんな誰のせいだと思ってるの?

08 둘러앉다：囲んで座ること。ここでは「食卓を囲む」とした

09 일일 연속극（日日 連続劇）：毎日放送される連続ドラマ

10 증건가 봐요：「증거인가 봐요」のこと

11 될른지：「되는지」のこと

12 채소（菜蔬）：野菜、青物

13 거：「거기」の話し言葉。そこ

14 푸대접하다（待接--）：冷遇する、冷たく当たる

재아	에? 아이 뭐, 그러면은 채소가 사망한 게 나 때문이야?
재엄	당신하고 재동이, 나하고 같이 밥 먹은 게 언제야, 응?
재아, 재동	(손가락으로 꼽는) 가, 같이 먹은 게…흠, 흠….
재엄	당신은 대충 빵이나 계란으로 때우지, 재동이는 시리얼로 때우지…. 밥을 먹는 건 나밖에 없는데 무슨 수[15]로 채소와 과일을 혼자 다 먹겠어? [엄는데]
재아	아이구, 하긴 뭐, 이게. 세 식구 달랑 있는데[16], 세 식구가 같이 밥 먹어 본 게 언젠지도 까, 까마득하네[17].
재엄	다들 반성 좀 해. 아침밥이라도 다 같이 먹자구. 저, 그리고 재동인 좀 일찍 일어나! 알았어?
재동	예, 엄마. 앞으로요, 제가 안 일어나면요, 막[18] 밟아서 깨우세요. [아프론뇨]
재엄	아이구, 귀한 아들을 어떻게 밟아? 니가 알아서 스스로 일어나! [어떠케]
재동	엑?
재엄	그리고 당신은 좀, 응? 여유를 가지고 출근해.
재아	어, 어.
재엄	그, 전날 술만 안 먹으면 아침에 여유롭잖아.
재아	아이 아이, 알았어, 알았어.
재엄	자, 그럼 이제부터 식구가 같이 밥 먹는 거다?
재아, 재동	"아아, 오케이!" "오케바리[19]!"

(TR 11) 냉장고 정리하는 보람 엄마

보엄	아이, 콩장도 상했네.
보할	아이 아이, 에, 에미야.

チェ父	え？ じゃ、野菜が死んだのは、俺のせいか？
チェ母	あなたとチェドン、私と一緒に食事したのはいつよ？
チェ父、チェドン	(指折りながら)い、一緒に食べたのは…、ふむ、ふむ…。
チェ母	あなたは大体パンや卵で済ませるし、チェドンはシリアルで済ませるし…。ご飯を食べるの私しかいないのに、どうやったら野菜と果物を一人で全部食べられるの？
チェ父	まあ、言われてみれば。3人しか家族がいないのに、3人家族が一緒にご飯を食べたのがいつなのか、は、はるか昔だな。
チェ母	みんなちょっと反省して。朝ご飯だけでもみんな一緒に食べようよ。 後、チェドンはちょっと早く起きて！ 分かった？
チェドン	うん、お母さん。これからはね、僕が起きなかったらね、めちゃくちゃ踏みつけて起こしていいよ。
チェ母	まあ、大事な息子をどうやって踏めるの？ おまえが勝手に自分で起きなさい！
チェドン	えっ？
チェ母	それからあなたはちょっと、ね？ 余裕を持って出勤して。
チェ父	うん、うん。
チェ母	前の日にお酒さえ飲まなかったら、朝は余裕があるじゃない。
チェ父	ああ、分かった、分かった。
チェ母	さあ、じゃあこれからは家族一緒に食事するのよ？
チェ父、チェドン	"OK！""了解！"

15 수：何かについての方法、仕方、手段
16 세 식구 달랑 있다 (- 食口 -- --)：家族3人ぽつんといる。ここでは「3人しか家族がいない」とした
17 까마득하다：はるかだ。ここでは「はるか昔だ」とした
18 막：「마구」の縮約形。やたらに、むやみに、めちゃくちゃ
19 오케바리：過去の流行語。了解のこと

冷蔵庫を整理するポラムの母

| ポ 母 | ああ、豆の煮物も傷んだわね。 |
| ポ祖母 | ちょ、ちょっとミギョンさん。 |

보엄   네.

보할   아니, 왜 그 반찬들 다 버리냐?

보엄   아휴, 반찬들이 맛이 <u>갔어요</u>[20], 어머니.

보할   아이고, 아니 그걸 <u>먹지</u>[21] 왜 상하도록 놔 뒀어?
        [상하도롱 놔]

보엄   제가 혼자 먹을 때가 많아서요.

보할   응?

보아   아, 여보, 밥 줘.

보엄   보람 아빠, 보람이 학원에서 곧 올 거예요.
        [고 돌 꺼에요]

보아   아이, 그때까지 못 기다려. 밥 먹고 또 나가 봐야 돼.

보엄   아이, 금방 올 거예요, 기다렸다 같이 먹어요.

보아   아이, 참. 안 되는데….

보엄   아이, 나도 세 번 각각 다 못 차려. 그렇게 알아요!

보아   아, 왜 짜증을 내고 그래?
        [짜증을 래고]

보엄   이 반찬들 좀 봐요. 미안하지도 않아요?

        난 이 식탁한테도 미안해 죽겠구만….
        [식타칸테도]

보아   아이, 그게 뭔 소리야?

보엄   식탁은 식구들이 다 둘러앉으라고 놓여 있는 거예요.

        근데, 언제나 늘 각각 혼자씩 앉잖아요.

        그럴 거면은 식탁이 도무지 왜 필요한 거예요?

보할   그래. 저, 에미 말이 맞다. 식구란, 같이 밥을 먹는 사이라는 뜻인데….

        우리가 그동안, 너무 각자 혼자씩 밥을 먹었어.

        에미야.

ポ 母	はい。
ポ祖母	いや、なんでそのおかずをみんな捨てるんだい?
ポ 母	おかずが傷んでるんですよ、お義母さん。
ポ祖母	いや、それを食べればよかったのに、なんで傷むまで置いておいたのさ?
ポ 母	私が一人で食べることが多いからです。
ポ祖母	うん?
ポ 父	ミギョン、ご飯ちょうだい。
ポ 母	お父さん、ポラムが塾からもうすぐ帰ってくるわ。
ポ 父	その時まで待てないよ。ご飯食べてまた出掛けないといけないんだよ。
ポ 母	すぐ帰ってくるわよ、待って一緒に食べましょう。
ポ 父	ああ、本当に。駄目なんだけど…。
ポ 母	もう、私も3回別々に全部準備できないわ。そう思ってて!
ポ 父	なんでかんしゃくを起こすんだい?
ポ 母	このおかず、ちょっと見て。申し訳なくもないの?
	私はこの食卓にも本当に申し訳ないわ。
ポ 父	いや、それ何の話だい?
ポ 母	食卓は家族がみんなで囲んで座るように置かれているのよ。
	でもいつも常に、それぞれ一人ずつ座るじゃない。
	そんなことなら食卓が一体なんで必要なの?
ポ祖母	そうね。ミギョンさんの言う通りよ。家族っていうのは、一緒にご飯を食べる間柄だという意味なのに…。
	私たちが今まで、あまりにも各自一人ずつでご飯を食べたよ。
	ミギョンさん。

20 가다:(盛りが)過ぎる。ここでは「맛이 가다」で「傷む」とした
21 -지:相反することを対照的に示す語尾。〜すればいいのに、〜するのであって

보엄	네.
보할	이제부터는, 응... 밥을 되도록 같이 먹도록 허자²².

보할 이제부터는, 응... 밥을 되도록 같이 먹도록 허자[22].
[먹도로 커자]

보엄 예. 뭐, 저녁이 어려우면 아침이라도 가능하면 같이 밥을 먹자구요.

당신, 왜 대답이 없어요?

보아 응, 응, 그래, 알았어. 알았다구.

(TR 12) 식사하는 보람이네 식구

보람 오늘은 밥이 맛있다, 엄마.

보엄 그래. 이렇게 같이 먹으니까 맛있잖아.

보아 오늘부턴 나도 결심했어. 가능하면 식구들하고 같이 식사 시간 맞출게.
[결씨매써]   [맏출게]

보람 오~.

보엄 보람아, 아빠한테 각서 좀 받아 놔.

보아 아이 뭐, 각서씩이나[23].

보엄 앞으로 식구들하고 밥을 같이 드시겠단다.

보람 오~, 알았어요, 엄마. 아빠, 각서 써야 돼요!

보아 어, 그래 알았어, 알았어. 여보, 찌개 좀 더 줘.

보엄 예.

보할 '한솥밥을 먹는' 게 바로 식구(食口)라는 뜻인데….

그동안 우리가 너무 따로따로였다. 그렇지?
[그러치]

보아 아, 식구라는 게 '같이 밥을 먹는 사이'라는 건 처음 알았는데요, 어머니?

보할 나라 사람 전체를 뜻하는 인구라는 말에도 입 '구' 자가 들어 있잖아.
[뜨타는]   [짜]

그만큼 같이 밥 먹는 사이가 중요한 거예요.
[밤 멍는]

ポ 母	はい。
ポ祖母	これからは、ね、ご飯をできるだけ一緒に食べるようにしよう。
ポ 母	はい。夕食が難しければ朝食でも、できれば一緒にご飯を食べましょうよ。 あなた、どうして返事がないの?
ポ 父	うん、うん、ああ、分かった。分かったって。

 食事するポラム家の家族

ポラム	今日はご飯がおいしい、お母さん。
ポ 母	そうね。こんなふうに一緒に食べるからおいしいじゃない。
ポ 父	今日からは俺も決心したぞ。できるだけ家族たちと一緒に食事の時間を合わせるよ。
ポラム	おおー。
ポ 母	ポラム、お父さんから念書ちょっともらっといて。
ポ 父	いや、念書までも。
ポ 母	これから家族とご飯を一緒に召し上がるんですって。
ポラム	おお、分かった、お母さん。お父さん、念書書いてね!
ポ 父	ああ、分かった、分かった。ミギョン、チゲもうちょっとちょうだい。
ポ 母	はい。
ポ祖母	「同じ釜の飯を食べる」のがまさに家族という意味なのに…。 今まで、私たちがあまりにも別々だった。そうでしょ?
ポ 父	家族というのが「一緒にご飯を食べる間柄」というのは、初めて知ったよ、母さん?
ポ祖母	国民全体を意味する人口という言葉にも、「口」の字が入ってるでしょ。 それだけ一緒にご飯を食べる間柄が重要なのよ。

22 허자：「하자」のこと

23 ~씩이나：数量が多いことや、強調を表す。～まで

보아　그렇지요.

보람　근데요, 밥은 혼자 먹을 때보다 같이 먹을 때가 맛있는 건 왜 그래요?

보엄　보람아, 맛 중에는 단맛, 짠맛, 신맛, 쓴맛. 네 가지가 있잖아. 그런데 그 밖에 '감칠맛[24]' 이라는 게 있는데, 그게 바로 이렇게 여럿[25]이 같이 먹을 때 생기는 거 같애.

보아　우리가 느끼는 오감 중에 미각이 가장 사교적인 감각이라고 하잖아.

　　　함께 밥 먹는 사이, 식구. 이제부터 우리가 같이 밥 먹는 사이라는 점을 명심하자구.

보엄　좋아요.

보람　밥을 맛있게 먹기 위해서라두요.

보아　그렇지!

모두　맛있다.

ポ　父　　そうだね。

ポラム　　でもさ、ご飯は一人で食べるときより、一緒に食べ
　　　　　るときの方がおいしいのは、どうしてそうなの?

ポ　母　　ポラム、味の中には甘味、塩味、酸味、苦味…。4
　　　　　種類があるじゃない。でもそのほかに「食欲をそ
　　　　　そる味」というのがあるんだけど、それがまさにこ
　　　　　んなふうに、大勢が一緒に食べるときに出てくる
　　　　　んだと思うわ。

ポ　父　　俺たちが感じる五感の中で、味覚が一番社交的な
　　　　　感覚だというじゃないか。
　　　　　一緒にご飯を食べる間柄、家族!　これから俺たち
　　　　　が一緒に食事する間柄だという点を肝に銘じよう。

ポ　母　　いいわ!

ポラム　　ご飯をおいしく食べるためにもね。

ポ　父　　そうだ!

全　員　　おいしいね。

²⁴ 감칠맛 : 食欲をそそる味、
こくのある味
²⁵ 여럿 : 大勢、たくさん

第2話 チェック問題 (解答はP.157)

1　日本語に訳してみよう。

① 이 근처에서 적당히 요기하고 가마.

② 아휴, 요즘은 저녁도 식구 셋이 같이 먹을 때가 드물어.

③ 일일 연속극에는 거의 매일 식구 모두가 둘러앉아서 밥 먹는 장면이 나왔죠.

④ 채소를 파는 분이 채소를 이렇게 푸대접해도 돼요, 엄마?

2　下記の表現を韓国語にしよう。

⑤ あなたは大体パンや卵で済ませるし、チェドンはシリアルで済ませるし…。

　　당신은 대충 빵이나 계란으로 (　　　　　), 재동이는 시리얼로 (　　　　　)….

⑥ ああ、豆の煮物も傷んだわね。

　　아이, 콩장도 (　　　　　　).

⑦ おかずが傷んでるんですよ、お義母さん。

　　반찬들이 (　　　　　　), 어머니.

3　下記の表現を発音変化に気を付けて発音と意味を書こう。

	発　音	意　味
⑧ 새벽밥 먹고		
⑨ 정리		
⑩ 한솥밥		

第 (3) 話

너는 나의 붕어빵

おまえは俺のたい焼き

나오는 사람들

보람 할머니, 보람 아빠, 보람 엄마, 보람

재동 아빠, 재동 엄마, 재동

성희, 영순, 유 서방, 점원

第3話
너는 나의 붕어빵[01]

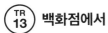 백화점에서

보엄   어머니. 이거 이 옷 좀 한번 입어 보세요.

영순   아니 아니, 저기 그거 입지 말고 이거 한번 입어 봐요.

보엄   아이, 난 이게 어머니한테 어울릴 거 같은데?
                    [어울릴 꺼]

점원   그래요, 할머니.

           따님이 고르신 게 더 잘 맞아요.

보활   아이, 따님이 고른 거?

점원   네. 이거요.

보활   어, 아이유. 내 딸이 아니라 며느리예요.

영순   딸은 그분이 아니라 저거든요.
                [저거든뇨]

점원   어머, 어머 그래요? 아, 저는 이분이 따님이고 저분은 며느님인 줄 알았어요.

보활   거꾸로 봤네요, 아가씨가.
        [봔네요]

점원   어쩜 며느님하고 이렇게 닮으셨어요? 정말 모녀지간 같으세요.
                  [이러케]

보활   그, 그래요? 아이구. 우리 며느리 기분 안 좋겠네요.
                         [조켄네요]

보엄   어머. 아휴, 무슨 말씀이세요, 어머니.

           저야 어머니하고 닮았다고 하면 영광이죠.

영순   아유, 어떻게 딸이 어머니를 닮아야지 며느리가 닮아?
        [어떠케]

보엄   왜요, 아가씨, 질투 나세요?

영순   네, 그래요. 질투 나요!

おまえは俺のたい焼き

[登場人物]
ポラムの祖母、ポラムの父、ポラムの母、ポラム
チェドンの父、チェドンの母、チェドン
ソンヒ、ヨンスン、インチョル、店員

 百貨店で

ポ 母	お義母さん。これ、この服ちょっと一度着てみてください。
ヨンスン	いやいや、それ着ないでこれ一度着てみてよ。
ポ 母	私はこれがお義母さんに似合うと思うんだけど?
店 員	そうですね、おばあさん。
	娘さんが選ばれた方がもっとよく合いますよ。
ポ祖母	娘さんが選んだもの?
店 員	はい。こちらです。
ポ祖母	あ、あらら。私の娘じゃなくて嫁なんです。
ヨンスン	娘はその方ではなく私なんですけど。
店 員	あら、そうですか? 私はこちらの方が娘さんで、あちらの方はお嫁さんだと思っていました。
ポ祖母	あべこべに思ったのね、お嬢さんは。
店 員	どうしてお嫁さんとこんなに似てるんですか? 本当の母と娘の間柄みたいです。
ポ祖母	そ、そうですか? まあ。うちの嫁、気分良くないでしょうね。
ポ 母	あら。まあ、何を言うんですか、お義母さん。
	私はお義母さんに似てるって言われれば光栄ですよ。
ヨンスン	ちょっと、娘がお母さんに似なきゃ、なんで嫁が似るの?
ポ 母	どうして、ヨンスンさん、嫉妬してるの?
ヨンスン	ええ、そうよ。嫉妬してるわ!

01 붕어빵：たい焼き。顔が寸分たがわず似ていることの比喩的な表現

보할   아이구.

보엄   어뜩해⁰².
[어뜨케]

(TR 14) 초록마을에서

성희   언니.

재엄   응?

성희   이거 어디다 놓을까?

재엄   응, 응, 거기다 놔.

성희   아, 어휴, 언니네 가게도 사람 좀 써라.

        언니 혼자 물건 받고 어떻게 다 해?

재엄   형부가 많이 도와줘. 그리고 뭐, 너도 가끔 이렇게 와서 도와주고. 그럼 되

        지, 뭐.

성희   저, 바쁜 사람이거든요?

재엄   우리 집 와서 밥 먹는 값⁰³도 좀 하셔야지!
[밤 멍는]

성희   에이, 치사해서⁰⁴ 안 먹는다.

        아이유, 나도 빨리 결혼해야지.

        눈칫밥⁰⁵만 먹지 말고.
[눈칟빰만]

재엄   아이고, 좋은 생각!

(TR 15) 보람 아빠와 보람, 들어서며

보아, 보람   안녕하세요?

재엄   아유, 어머나, 보람 아빠가 저희 가게엔 웬일이세요?
[웬니리세요]

ポ祖母	まあ。
ポ　母	どうしましょう。

02 어뜩해：「어떡해」のこと

みどり村で

ソンヒ	姉さん。
チェ母	うん？
ソンヒ	これどこに置こうか？
チェ母	うん、そこに置いて。
ソンヒ	ああ、ふう、姉さんの店も人をちょっと使いなさいよ。 姉さん一人で品物受け取って、どうやって全部やるの？
チェ母	チェドンのお父さんがたくさん手伝ってくれるよ。それとおまえもたまにこうやって来て手伝ってくれるし。それでいいよ。
ソンヒ	私、忙しい人なんですけど？
チェ母	うちに来てご飯食べる分くらいは、働いてもらわないと！
ソンヒ	もう、せこいから食べない。 ああ、私も早く結婚しなきゃ。 肩身の狭い思いばかりしてご飯食べてないで。
チェ母	まあ、良い考え！

03 값：代価、値段。ここでは「分くらい」とした
04 치사하다（恥事--）：浅ましい、けちけちしている。ここでは「せこい」とした

05 눈칫밥：人目を気にして食べるご飯、肩身の狭い思いで食べるご飯

ポラムの父とポラムが入って来て

ポ　父、 ポラム	こんにちは。
チェ母	まあ、ポラムちゃんのお父さんがうちの店になん

아이, 저 보람이하고 어디 다녀오시는 길인가 봐요?

보아   아, 예.

보람   할머니랑 엄마랑 고모는 백화점 가셨구요.
[배콰점]
오늘 아빠가 식사 당번이어서 <u>시장 보러 왔어요</u>[06].

재엄   어머나, 부러워라. 아이유, 보람 엄만 좋겠다~.
[조켄따]
성희   그런데 이제 보니까 보람이는 아빠를 <u>꼭 빼닮았네</u>[07].

보아   아, 아, 그래요?

성희   네. 정말 붕어빵 부녀예요.

보람   엄마 닮았다는 소린 들어도 아빠 닮았다는 소린 처음 듣는데.
[든는데]
재엄   어, 나두 보람이가 엄마 닮았다고 생각했는데, 또 이렇게 같이 들어서는 걸
[생가캔는데]   [가치]
보니까 아빠도 참 많이 닮았네.

보아   아니, 저, 보람이하고 저도 그렇지만 두 분도 참 많이 닮으셨습니다.
[그러치만]
보람   진짜.

재엄,
성희   네? 저희요? (둘이 서로 보는)

재엄   그런 소리 처음 들어요.

보아   아, 그래요?

재엄   예. 자매간에 안 닮았다는 소리 참 많이 듣고 컸는데 말이에요….

성희   언니, <u>소원 풀었네</u>[08]? 나 닮았다는 소리 들어서.

재엄   어머머 <u>누가 할 소릴 누가 하고 있어</u>[09]! 너 좋겠다? 나 닮았다는 소리 들어서?
[할 쏘릴]

ですか？

ポ祖母　いえ、そういうのではなくて…。

院　長　診療が終われば、2時間ほど時間の余裕があります。　¹⁵ 두어 : 二つほど

私はこう見えても、英語で論文も書いたことがあるし、数学も得意です。小学生程度は私が教えることができるんですよ。

ポ祖母　うちのポラムを普通の小学生と思ったらいけませんよ、院長先生。
院　長　知ってますよ、ポラムちゃんが利口なこと。

私に一度任せてみてください。

みどり村で

チェ母　英語と数学、国語、漢文までやって、一月にたったの1万ウォン？　¹⁶ 단돈 :（金額に付いて）たった、ほんの
ポ　母　ええ。無料でしてくださるって言うのよ。だから、院長さんがそんなことおっしゃったらどうやって家庭教師をお願いするんですかって言ったら、1万ウォンだけもらうって言うのよ。
チェ母　ねえ、ねえ、ねえ、ポラムちゃん。どう？

院長先生、上手に教えてくださるの？　¹⁷ -데 : 事実を確認するように尋ねるときに使う。〜していたかね、〜だったかね

ポラム　うん。私もびっくりしたの。英語の発音も正確だし。数学も本当にきちんと解かれるの。漢文で四字熟語も習うんだけど、知らなかったこともたくさん分かるようになったし。　¹⁸ 사자성어（四字成語）: 四字熟語
チェ母　そう？

ポ　母　チェドン君も一度お願いしてみるのはどう？

チェ母　え？　ああ。ポラムちゃんはもともと優等生だから、院長先生がボランティアしてくださるのよ、うちのチェドンのような劣等生を受けてくださるかしら？　¹⁹ 〜야 : 強調を表す。〜は、〜なら
　²⁰ 어딨어요 :「어디 있어요」のこと。反問を強調する。ここでは「ないですよ」とした

ポ　母　ちょっと、本当に。優等生、劣等生なんてないわよ。

재엄   안 그래도 재동이 과외를 시키긴 시켜야 하는데….

보엄   거 봐요.

보람   아줌마, 제가 재동 오빠랑 같이 한번 가 볼까요?
                                        [가치]
재엄   응, 그래 줄래?

(TR 21) 원장님네에서

보람,
재동   안녕하세요.

원장   어 보람이, 어서 와라.

보람   원장님, 오늘은 재동 오빠하고 같이 왔어요.

원장   아이고, 그래?

재동   원장 선생님, 안녕하세요?

원장   어서 와라, 재동이.

보람   재동 오빠도 원장님한테 배우고 싶대요.

원장   그래? 재동아.

재동   예.

원장   너도 나한테 배우고 싶니?
                        [심니]
재동   등급 나누는 시험 봐야 하나요?

원장   으응, 아니다, 아니야. 등급은 고기에나 있는 거지, 성적에 무슨 등급이 있
        어? 재동이도 나하고 같이 공부하자.

재동   아, 고맙습니다! 정말 고맙습니다!

一度お願いしてみてよ。

チェ母 そうでなくてもチェドンに家庭教師を付けるには付けなきゃなんないんだけど…。

ポ母 ほら、そうじゃない。

ポラム おばさん、私がチェドンお兄ちゃんと一緒に、一度行ってみようか?

チェ母 そうしてくれる?

 院長さんの家で

ポラム、チェドン こんにちは。

院長 ポラムちゃん、いらっしゃい。

ポラム 院長さん、今日はチェドンお兄ちゃんと一緒に来ました。

院長 おお、そうかい?

チェドン 院長先生、こんにちは。

院長 いらっしゃい、チェドン君。

ポラム チェドンお兄ちゃんも院長さんに習いたいんですって。

院長 そうかい?　チェドン君。

チェドン はい。

院長 君も私に習いたいのかい?

チェドン 等級を分ける試験を、受けなきゃ駄目ですか?

院長 いや、いや。等級は肉なんかにあるもんで、成績にどうして等級があるんだい?　チェドン君も私と一緒に勉強しよう。

チェドン あ、ありがとうございます!　本当にありがとうございます!

(TR 22) **원장님과 재동이네 부부**

재아 야, 이거 이, 우리 말썽꾸러기[21] 아들 녀석도 받아 주셔서 공부를 가르쳐 주
[아들 려석또]

시니까, 정말 몸 둘 바를 모르겠습니다[22], 원장 선생님.
[둘 빠]

원장 아이, 재동이가 왜 말썽꾸러기예요? 재동이처럼 착하고 똑똑한 애는 본 적
[차카고]

이 없는 걸요.
[엄는] [걸료]

재엄 어머, 원장님. 아이유, 농담도 잘하시네요. 우리 재동이가 똑똑하다니요. 아

이유, 참.

원장 단지 학교 성적만 갖고[23] 애를 평가하지 마세요. 왕년에 에디슨은 공부 성적
[성정만]   [평까하지]

이 좋았습니까? 아인슈타인이 우등생이었나요?

저는요, 재동이가 나중에 뭐가 될지 참 설레요.
[저는뇨]   [될찌]

아주 즐겁게 성공할 겁니다, 재동이는.
[성공할 껌니다]

재아 아이고, 이게 정말 감사합니다, 예.

재엄 아유, 근데요, 아이가 받아 온 성적표 보면 정말 말이 곱게 안 나가요, 원장님.

원장 아이가 받아 온 성적은 다 아주 칭찬할 만한[24] 요소가 있는 거예요.

그, 외국에서는 성적을 A, B, C, D 이렇게 매겼지만 우리나라는 수, 우, 미,
[이러케]

양, 가로 매겼죠. 그 뜻이 뭔지 알아요?

'수'는 '뛰어나다', '우'는 '우수하다', '미' 는 '아름답다', '양'은 '좋다', 그리고
[조타]

마지막 '가'조차도 '충분하다', '가능하다' 그런 뜻을 담았어요.

재아 야, 아유, 그렇게 깊은 뜻이 있는 줄은 정말 몰랐습니다.
[그러케]

원장 그러니, 애 성적 가지고 너무 야단치고 그러지 말아요.

무조건[25] 칭찬해 줘요.
[무조껀]

재아 예. 알겠습니다.

院長とチェドン家夫婦

チェ父 いやー、うちの困り者の息子のやつも受け入れて
くださって、勉強を教えてくださるので、本当に身
の置き所が分かりません、院長先生。

院　長 チェドン君がどうして困り者ですか？　チェドン君
のように、いい子で利口な子は見たことがないで
すよ。

チェ母 あら、院長さん。冗談もお上手ですね。うちのチェ
ドンが利口だなんて。まあ、本当に。

院　長 ただ単に学校の成績だけで、子どもを評価しな
いでください。往年のエジソンは勉強の成績が良
かったですか？　アインシュタインが優等生でし
たか?
私はチェドン君が後に何になるか、本当にわくわく
します。
とても楽しく成功するでしょう、チェドン君は。

チェ父 ああ、これは本当にありがとうございます。

チェ母 ふう、でもですね、子どもがもらってくる成績表を見
たら、本当にきれいな言葉が出ません、院長さん。

院　長 子どもがもらってくる成績は、全て褒めるに値する
要素があるもんです。
外国では成績をA、B、C、D、こんなふうに付け
たけど、韓国は秀、優、美、良、可と付けたんです
よ。その意味が何か分かりますか？

「秀」は「秀でる」、「優」は「優秀だ」、「美」は「美し
い」、「良」は「良し」、そして最後の「可」すらも「十
分だ」「可能だ」、そんな意味を込めています。

チェ父 そんなに深い意味があるとは、本当に知りません
でした。

院　長 だから子どもの成績のことで、あまり叱りつけた
りしないでください。
とにかく褒めてあげてください。

チェ父 はい。分かりました。

²¹ 말썽꾸러기：困り者、厄介者

²² 몸 둘 바를 모르다：身の置
き所が分からない

²³ 갖다：「가지다」の縮約形。
「(~을/를) 갖고」の形で、～
のことで、～を巡って

²⁴ -(으)ㄹ 만하다：～に値す
る、～する価値がある

²⁵ 무조건：無条件 (に)、絶対
(に)、とにかく

재엄   예, 원장님, 예 예.

(TR 23) **재동이 성적표 보는 재동 아빠**

재아   아, <u>어디 보자</u>[26], 음. 아들아. 니 성적표를 보니까 한 가지 이 아빠가 참 흐뭇
        [흐무
한 점이 있다.
탄]

재동   뭔데요?

재아   응, 이 성적을 봐서는 적어도 컨닝은 안 하고 있다는 점이야.

재동   아이, 예! 사람은! 정직하게 살아야죠.
              [정지카게]

재아   아이, 그렇지 그렇지. 또 하나 우리 아들한테 내가 고마운 점이 하나 있다.
              [그러치]

재동   뭔데요, 아빠?

재아   아, 니가 적어도 아들 자랑하는 팔불출[27]이라는 소리는 면하게 해 주는구나[28].

재동   아이, 아, 그럼요. 자식 자랑해 봐야 뭐 하겠어요? 사람들이 괜히[29] 아빠 질
              [그럼뇨]
투나 할 거예요.

재아   아, 그래 그래, 맞어 맞어. 아주아주 고맙다, 응?

재엄   아무튼 응, 이런 성적표를 가지고 이렇게 화기애애하게 대화를 나누는 집은
        드물 거야. 아니! 세상에 단 하나! 우리 집밖에 없을 거야.

재아   아유 아유 됐어요, 됐어요. 자, 재동아! 다음 학기에는 그래도 그, 반에서 30
        등 안에는 들어야 된다.

재동   에, 30 등이요?

재아   그래. 30 등 안에만 들면 내가 큰 선물을 하마.

재동   아이, 아빠, 그럼 30 등 안에만 들면 컴퓨터 새 걸로 바꿔 주세요?

재아   아, 컴퓨터? 그래 그래, 그러지, 뭐, 응! 컴퓨터.

チェ母　はい。院長さん、はい。

 チェドンの成績表を見るチェドンの父

チェ父　さて、どれどれ、息子よ。おまえの成績表を見ると、一つお父さんが本当にうれしい点がある。

チェドン　何なの?

チェ父　この成績を見ると、少なくともカンニングはしていないという点だ。
チェドン　ああ、そうだよ!　人はまっとうに生きなくちゃね。

チェ父　おお、そうだ、そうだ。もう一つ、うちの息子にお父さんがありがたい点が一つある。
チェドン　何なの、お父さん?

チェ父　おまえが少なくとも、息子自慢する親ばかって言われないようにしてくれてるなあ。
チェドン　いや、もちろんだよ。子どもを自慢して、何になるっていうの?　みんな訳もなくお父さんをねたむだけだよ。

チェ父　そうそう、そうだ、そうだ。すごくありがとう、な?

チェ母　とにかくこんな成績表で、こんなに和気あいあいと会話を交わす家はめったにないわよ。いや!　世の中にたったの一つ!　うちしかないわよ。

チェ父　もう、いいって、いいって。さあ、チェドン!　次の学期にはそれでもクラスで30位の中には入らなきゃ駄目だぞ。

チェドン　え、30位?

チェ父　そうだ。30位以内にさえ入れば、お父さんが大きなプレゼントをしてやろう。
チェドン　お父さん、じゃ30位以内にさえ入れば、コンピューターを新しいのに替えてね?
チェ父　コンピューター?　そうか、そうか、そうしよう、う

26 **어디 보자**：何かを始めるときに言う言葉。さて、さあ、どれ

27 **팔불출（八不出）**：非常に愚かな人を指す語。ここでは「親ばか」とした
28 **면하게 해 주는구나**：免がれるようにしてくれるなあ。ここでは「言われないようにしてくれてるなあ」とした
29 **괜히**：訳もなく、やたらに

재동　아싸[30]! 약속하셨어요. 두말하기 없기예요.
　　　　　　　[약쏘카셔써요]

재아　아이, 그렇다니까!
　　　　　　[그러타니까]

재동　고맙습니다, 아빠! 아, 적어 놔야지!

재아　으으 그래 그래 그래 그래.

재엄　으이고, 하여간[31], 하여간….

재아　왜, 왜, 왜?

재엄　여보.

재아　어.

재엄　쟤네 반 다 해서 30 명이야 .
　　　　　　　　　　[삼십 명]

재아　응?

재엄　근데 30 등 안에 들라니, 꼴등을 하란 얘기야, 뭐야?
　　　　　　　　　　　　[골뜽을 하란 내기야]

재아　어? 아니 저, 한 학급에 60 명 아니야? 아, 난 그래서 30 등이라고 그런 건데?

재엄　지금이 뭐, 구한말 시대야 ? 요즘 한 반에 60 명이 어딨어[32]?!

재아　아, 나 이거…. 아, 이거 실수했네.
　　　　　　　　　　　[실쑤핸네]

ん！　コンピューター。

チェドン　やったー！　約束したよ。二言はなしだよ。

チェ父　分かってるよ！

チェドン　ありがとう、お父さん！　あ、書いておかなくちゃ！

チェ父　はい、はい、はい。

チェ母　ちょっと、まったくもう…。

チェ父　なんでだい、なんでだい？

チェ母　あなた。

チェ父　うん。

チェ母　あの子のクラス、全部で30人よ。

チェ父　うん？

チェ母　それなのに30位以内に入れって、ビリになれっていう話なの？

チェ父　うん？　いや、1学級に60人じゃないのか？　それで30位って言ったんだが？

チェ母　今が旧韓末時代なの？　今どき1クラス60人なんてどこにあるのよ？

チェ父　あ、しまった…。こ、こりゃ、失敗したな。

30 아싸：気分がいいときや、物事がうまくいったときに出る言葉

31 하여간 (何如間)：とにかく、とにもかくにも。ここでは「まったくもう」とした

32 어딨어：「어디 있어」のこと。反問を強調する表現

第4話 チェック問題 (解答はP.158)

1 日本語に訳してみよう。

① 웅변을 잘해야 지도자가 됐으니까 웅변 과외가 성행했대요.

② 앞으로 보람이 과외비로 들어갈 돈이 만만치가 않나 봐요.

③ 우리 말썽꾸러기 아들 녀석도 받아 주셔서 공부를 가르쳐 주시니까, 정말 몸 둘 바를 모르겠습니다.

④ 아이가 받아 온 성적표 보면 정말 말이 곱게 안 나가요, 원장님.

2 下記の表現を韓国語にしよう。

⑤ ふぅ、言うまでもありませんよ。うちの嫁が悩んでるんですよ。

아휴, (   ). 우리 며느리가 고민을 하더라구요.

⑥ おまえが少なくとも、息子自慢する親ばかって言われないようにしてくれてるなあ。

니가 적어도 아들 자랑하는 (   )이라는 소리는 면하게 해 주는구나.

⑦ こんな成績表で、こんなに和気あいあいと会話を交わす家はめったにないわよ。

이런 성적표를 가지고 이렇게 (   ) 대화를 (   ) 집은 드물 거야.

3 下記の表現を発音変化に気を付けて発音と意味を書こう。

	発　音	意　味
⑧ 진료		
⑨ 열등생		
⑩ 똑똑한 애		

백년손님과 장모님

百年のお客さまとお義母さん

나오는 사람들

보람 할머니, 보람 아빠, 보람 엄마, 보람

재동 아빠, 재동 엄마, 재동

영순, 유 서방

第5話
백년손님[01] 과 장모님

(TR 24) 유 서방에 대해 이야기하는

보할 뭐? 유 서방이 직장을 그만둬?

영순 네. 나한테 한마디 상의도 없이 덜컥 사표를 내 버리고 서울로 올라와 버린
[사표를 래]
거 있죠.

보엄 아가씨, 서울에 취직할 곳을 알아 둔 거 아닐까요?
[취지칼 꼬슬]

영순 아무 대책도 없어요.

그냥, 주말부부 생활[02]이 너무 지겨워서 우발적[03]으로 사표를 내 버렸대요.

보할 우발적일 게 따로 있지[04]. 어떻게 그렇게 갑자기 사표를 내나?!
[우발쩌길 께]   [어떠케] [그러케]
한 집안의 가장이 돼 갖고 왜 그렇게 책임감이 읎어[05]? 아이고, 참. 그래, 앞

으로 무슨 일을 하며 살겠대?
[무슨 니를]

영순 우선은 내가 하는 화원[06]을 돕고 싶대.

보할 으이그, 잘한다[07], 잘해!

보엄 좋은 쪽으로 생각하세요, 아가씨. 두 분이서 같이 하면 아무래도 화원도 더
[생가카세요]   [가치]
잘될 거고 …. 은비 아빠도 생각 많이 하셨을 거예요.
[잘될 꺼]   [생강 마니]

보할 아이유, 참. 사위라고 하나 있는 게 증말[08] 맘[09]에 안 들어. 아이유, 아이구.
[인는]

(TR 25) TV 개그 프로그램 소리

보할 유 서방. 이리 와 보게.

유 서방 왜 왜요, 장모님!

百年のお客さまとお義母さん

[登場人物]
ポラムの祖母、ポラムの父、ポラムの母、ポラム
チェドンの父、チェドンの母、チェドン
ヨンスン、インチョル

 ### インチョルについて話す

ポ祖母	何？　インチョル君が仕事を辞める？
ヨンスン	ええ。私に一言の相談もなしに、ぱっと辞表を出しちゃってソウルに来てしまったのよ。
ポ　母	ヨンスンさん、ソウルに就職する所を調べておいたんじゃないの？
ヨンスン	何の対策もないんですよ。
	ただ単身赴任に飽き飽きして、出来心で辞表を出しちゃったんだって。
ポ祖母	出来心にも程があるだろ。どうしてそんなに急に辞表を出すんだい？
	一家の家長になって、どうしてそんなに責任感がないの？　もう、本当に。で、これから何の仕事をして暮らしていくって？
ヨンスン	まずは私がしている花屋を手伝いたいって。
ポ祖母	あれ、よくもまあ！
ポ　母	良い方に考えて、ヨンスンさん。二人で一緒にすれば、やっぱり花屋も、もっとうまくいくだろうし…。インチョル君もずいぶん考えたでしょうに。
ポ祖母	ああ、本当に。たった一人の婿なのに、本当に気に入らないよ！　ああ、ああ！

テレビのお笑い番組の音

ポ祖母	インチョル君。こっちに来てごらん。
インチョル	どうしたんですか、お義母さん！

01 백년손님 :「백년지객 (百年之客)」、いつまでも懇ろに接しなければならない客という意味で、婿を指す語

02 주말부부 생활 : 週末夫婦生活。単身赴任のことをいう
03 우발적 (偶発的) : 出来心、ハプニング
04 -(으)ㄹ 게 따로 있다 : ～(な)ことが他にある。ここでは「～にも程がある」とした
05 읎다 :「없다」の方言
06 화원 : 花園。ここでは「花屋」とした
07 잘하다 : 反語的に気に食わないことを表すときにも使う表現。ここでは「よくもまあ」とした

08 증말 :「정말」のこと
09 맘 :「마음」のこと

보할   이 화분들 좀 베란다로 옮기게.

유 서방   아이 그냥 두세요! 나중에 저희가 할게요.

[할께요]

보할   아이 좀 이리로 오라면 와 봐!

유 서방   아, 장모님도 참….

한창 재밌는 거 하는데….

보할   이거 들어서 저리로 좀 옮겨 놓게.

[노케]

유 서방   아이, 예 예. (끄응 들어서 옮기는데)

(TR 26) 화분 떨어지며 깨지는

유 서방   아이, 이게 참….

영순   이게 무슨 소리야? 아이, 당신 화분 깼어?

유 서방   아, 장모님도 참…. 그거 그냥 놔 두시라니까 굳이[08] 옮기신다고….

[구지]

놔 두라고 했는데….

[핸는데]

보할   자네[09]는 어떻게 화분 하나 제대로 못 옮기나, 응?!

[모 돔기나]

유 서방   아니 그게요…. 손이 미끄러워서….

보할   소파에 딱 달라붙어서[10] 하루 종일 텔레비전만 보고!

아 집 안 여기저기 남자가 손봐야 될 곳들 둘러보면서 손도 보고, 뭐 무거운

[될 끋뜰]

거 있으면 옮겨 놓기도 하고 좀 그래야 하는 거 아냐?!

[노키도]

영순   엄마!

보할   아이고, 우리 집에 와서 형님이 하는 걸 좀 봐! 어떻게 하나!

응? 아무리 바빠도 집안일 돕고 아무리 바빠도 보람이 숙제 봐 주고! 응?!

[지반닐]

유 서방   아니 저, 왜 형님하고 비곤[11] 하고 그러세요….

ポ祖母	この植木鉢、ちょっとベランダに移そうと思って。
インチョル	そのまま置いといてください！　後で僕たちがしますよ。
ポ祖母	あ、ちょっとこっちに来てと言ったら来てごらん！
インチョル	あ、お義母さんもほんとに…。
	今面白いところなのに…。
ポ祖母	これ持って、あっちにちょっと移しておいておくれ。
インチョル	はいはい。（グイッと持って移すが）

 植木鉢が落ちて割れる

インチョル	うわ、もう…。
ヨンスン	これ何の音？　あら、あなた植木鉢割ったの？
インチョル	あ、お義母さんも本当に…。これ、そのまま置いておいてって言ったのに、無理に移すって…。置いておいてって言ったのに…。
ポ祖母	あんたはどうして植木鉢一つ、まともに移せないの、え？
インチョル	いや、それが…。手が滑って…。
ポ祖母	ソファにべったりへばりついて、一日中テレビばかり見て！家の中、いろいろ男の人が修理しないといけない所を見回りながら、手入れもして、何か重いものがあったら、移したりもして、ちょっとそうしないといけないんじゃないの？
ヨンスン	お母さん！
ポ祖母	うちに来てヨンジンがしてることをちょっと見てごらん！　どんなふうにしてるのか！え？　いくら忙しくても家事を手伝って、いくら忙しくてもポラムの宿題見てやって！　え？
インチョル	いや、どうしてお義兄さんと比較してそんなこと言

08 굳이：無理に、あえて、頑固に

09 자네：同等の者、目下の相手を指す語。君、おまえ、あんた

10 달라붙다：張りつく、へばりつく、くっつく

11 비끔：「비교는」のこと

보할　아이, 비교 안 하게 됐나?
　　　　　　　　　　[됐나]

　　　　자네가 결혼해서 지금까지 내 딸한테 뭘 해 줬나, 뭘!

영순　엄마 왜 그래?

보할　결혼 전에는 말만 번지르르¹²…. 아휴.

　　　　세상에서 제일 호강¹³시켜 주겠노라¹⁴ 어쩌겠노라 하면서….
　　　　　　　　　　　　　　　[주겐노라]

영순　어, 좀 그만해요!

보할　아이구, 속 터져¹⁵, 아이구. 속 터져, 어휴.

　　　　나 간다!

영순　(쫓아 나가며) 엄마! 왜 그래, 점심 차리잖아! 엄마!

(TR 27) 재동이네에서

재아　아이, 그래?

　　　　아이 그러니까 보람이 할머니가 사위하고 한바탕¹⁶했다고?

재엄　응. 그동안 밉다 밉다 하시더니 폭발시켜 버렸나 봐. 아휴.
　　　　　　　　　　　　　　　　　　　　　[버련나]

재아　야 이게 저 옛날에는 사위 사랑은 장모님¹⁷이었는데 말이야, 응? 요즘은 그
　　　　　　　　　　　　[옌나레는]　　　　　　　　　　　　　　　　　　　　[그
　　　　렇지도 않은 거 같애.
　　　　러치도]

재엄　사위하고 장모 사이가 응? 시어머니, 며느리 사이보다 더 안 좋잖아, 요즘은.
　　　　　　　　　　　　　　　　　　　　　　　　　　　　　　　　[조차나]

재아　아이고, 원래 장모님들은 1위보다도¹⁸, 응? 2위보다도 3위보다도, 이 사위
　　　　　　　　　　　　[월래]
　　　　를 더 좋아하시는 건데 말야, 응?

재동　썰렁해요¹⁹, 아빠.

재엄　그러니까… 아빠 특기 나온다, 또.

うんですか…。

ポ祖母	比較しないでいられる？

あんたが結婚して今まで、私の娘に何をしてくれたの、何を！

ヨンスン	お母さん、どうしたのよ？

ポ祖母	結婚前には言葉だけもっともらしく…。ほんとに。

世の中で一番ぜいたくな暮らしをさせてやるとか何とか言いながら…。

ヨンスン	もう、ちょっとやめてよ！

ポ祖母	ああ、ああ。頭にくる。

私は帰るよ！

ヨンスン	（追って出ながら）お母さん！　なんでよ？　お昼の支度をしてるじゃないの！　お母さん！

 チェドン家で

チェ父	え、そうなの？

つまりポラムちゃんのおばあさんが婿とひともめしたって？

チェ母	うん。今まで憎たらしい憎たらしいと言ってらしたけど、爆発させてしまったみたい。ふう。
チェ父	昔は、婿は義母にかわいがられたんだが、近ごろはそうでもないみたいだな。

チェ母	婿と義母の仲が、嫁しゅうとめの仲よりもっと良くないんじゃないの、近ごろは。
チェ父	もともと義母は1位よりも、な？　2位よりも3位よりも、このサウィがもっと好きだというのにな。

チェドン	つまんないよ、お父さん。

チェ母	だよね。お父さんの特技が出たわ、また。

¹² 번지르르：もっともらしく、看板倒れ

¹³ 호강：ぜいたくに暮らすこと

¹⁴ -노라：強調を表す語尾。〜するぞ

¹⁵ 터지다：事が思い通りにいかなかったり、心配事などのせいで苦痛を感じること。「속 터지다」で「頭にくる」とした

¹⁶ 한바탕：ひともめ、一荒れ、一幕、一戦

¹⁷ 사위…：「며느리 사랑은 시아버지, 사위 사랑은 장모（嫁は義父にかわいがられ、婿は義母にかわいがられる）」ということわざから来た言葉

¹⁸ 1위…：韓国語で婿「사위」と順位の4位「사위」が同じ発音ということに引っ掛けたしゃれ

¹⁹ 썰렁하다：寒い、ひんやりする。(俗)しゃれなどが受けない、つまらないときに言う語

재아   아니, 아이, 어쨌거나 사위가 오면은 귀한 씨암탉[20] 잡아서 백년손님 대접하
      [뱅년]   [대저파
      던 장모님⋯. 야, 결국에 이게 추억 속의 장모님이 돼 버린 걸까?
      던]

재엄   우리 엄만 당신한테 아직도 그렇게 하시잖아.

재아   아, 아, 하긴[21] 하긴. 우리 장모님은 아마 당신보다 나를 더 이뻐하실걸.
      [이뻐하실껄]

재엄   우리 엄마가 사람이 좋으니까 당신한테 응? '우리 사위, 우리 사위' 하면서
      씨암탉도 잡아 주시고 하는 거지.
      까탈스러워[22] 봐. 내 딸 데려다가 고생시킨다고 구박에 구박[23]을 할 거야.

재동   엄마, 저는요, 보람이 어머니한테 아주 좋은 사위가 될 거예요.
      [저는뇨]

재엄   뭐, 뭐?

재동   자신 있어요! 장모님한테 잘할 자신이요.

재엄   으음, 하긴 보람이네 집은 장모 자리가 참 좋긴 하다. 얘, 재동아. 훌륭한 청
      [장모 짜리]   [조킨]
      년으로 자라서 그 집 사위만 돼라.

재동   네!

재엄   그럼 내가 사돈 하난[24] 잘 두는[25] 게 될 테니까. 그치, 여보?

재아   으이 으이, 그러게 말이야 으이.

재동   걱정 마세요, 엄마 아빠. 제 일생일대[26]의 그 꿈! 꼭 이루도록 할게요.
      [일쌩일때]   [이루도로 칼게요]

재아   꿈 한번[27] 위대하다, 우리 아들, 응! 장하다[28], 우리 아들!

(TR 28) 식사하는 보람이네, 영순

보아   아니, 영순이는 왜 혼자 왔어?
      유 서방하고 같이 와야지.

보엄   그러게요. 어머니가 은비 아빠 드시게 한다고 갈비 재 놓고[29] 좋아하는 청국
      [노코]

| チェ父 | とにかく婿が来れば、大事なめんどりを捕まえて、百年のお客さまをもてなしていた義母…。おい、結局、思い出の中の義母になってしまったのかな？ |

| チェ母 | うちの母さんはあなたにまだそうしてるじゃない。 |

チェ父	ああ、確かに確かに。うちのお義母さんは多分、おまえよりもっと俺をかわいがってるだろうよ。
チェ母	うちの母さんは人が良いから、あなたに「うちの婿、うちの婿」って言いながら、めんどりも捕まえてくれたりするのよ。
	気難しい人だったら、私の娘を連れていって苦労させるって、いびりにいびるわよ。
チェドン	お母さん、僕はね、ポラムちゃんのお母さんにとってとても良い婿になるつもりだよ。
チェ母	な、何？

| チェドン | 自信あるよ！　お義母さんによくする自信。 |

| チェ母 | 確かにポラムちゃんの家は、義母の座が本当にいいにはいいわね。ねえ、チェドン。立派な青年になって、あの家の婿になりなさい。 |

| チェドン | うん！ |

| チェ母 | そうすれば、私にとてもいい親戚ができることになるから。そうでしょ、あなた？ |
| チェ父 | そうだな。 |

| チェドン | 心配しないで、お母さん、お父さん。僕の一世一代のその夢を、必ず実現するようにするよ。 |
| チェ父 | 夢がほんとに大きいなあ、うちの息子！　あっぱれだ、うちの息子！ |

 食事するポラム家、ヨンスン

ポ　父	ヨンスンはなんで一人で来たんだ？
	インチョル君と一緒に来ないと。
ポ　母	そうよ。お義母さんがインチョル君に食べさせる

20 씨암탉：有精卵を産むめんどり。ここでは「めんどり」とした

21 하긴：「하기는」の縮約形。「言われてみればそうだ」の意味で、すでに済んだことを肯定するときに使う。ここでは「確かに」とした

22 까탈스럽다：(性格や好みなどが)気難しい。
23 구박 (駆迫)：いじめて苦しめること

24 하난：「하나는」のこと
25 두다：(人を)雇う、置く。ここでは「できる」とした

26 일생일대 (一生一代)：一世一代、一生涯
27 한번：(名詞の後ろに付いて)ある行動や状態を強調する言葉
28 장하다：立派だ、あっぱれだ、偉い

29 재다：(調味料などに漬けて)寝かすこと。ここでは「下味を付ける」とした

장³⁰도 끓이셨는데….

영순   그 사람이 피곤하대요.

보할   잠깐 건너와서 밥이나 먹고 가라는 건데, 뭘 그렇게 피곤하대?

영순   엄마는! 그 사람도 피곤하지 왜!

보할   직장도 없는 사람이 뭐가 피곤해?
          [엄는]

영순   아휴.

보할   와서 밥 한술³¹ 못 뜰 정도로 피곤해?
        [바 판술]   [뜰 쩡도]

영순   엄마가 이러니까 피곤한 거야!

보할   아 아니, 뭐?

보람   고모 식사하세요. 여기 숟가락…. 어서 드세요, 고모.

영순   어, 그래. 미안해, 보람아. 보람이 어서 먹어.

보람   전 괜찮은데요, 사실 할머니가 아까부터 고모부 좋아하시는 반찬 열심히 만
                                              [열씨미] [만

    드셨거든요.
    [드셜꺼든뇨]
    저랑 같이 시장 가셨는데요, 계속 고모부 좋아하는 것만 사셨어요.
                                          [건만]

영순   죄송해요. 저 이만 가 볼게요³².

보엄   저, 아가씨~

보아   아니, 저, 영순이 너 어디서 숟가락 놓고 빨딱빨딱³³ 일어서고 있어?! 어서
                                   [숟까랑 노코]

    앉아!

영순   오빠. 나도 이제 애 엄마야. 어린애 아니라구!

    나한테 좀 이래라 저래라 하지 마!

보아   빨리 앉아! 어디서 이게³⁴!

영순   (흑, 울며 뛰쳐나간다)

	んだって、カルビに下味付けておいて、好きなチョングッチャンも作ったのに…。	30 청국장（清麹醤）：チョングッチャン。蒸した大豆を発酵させてすりつぶしたものを煮込んだおかず
ヨンスン	あの人疲れてるって。	
ポ祖母	ちょっと来てご飯でも食べていけってだけなのに、何がそんなに疲れてるんだって?	
ヨンスン	お母さんたら!　あの人だって疲れるわよ、もう!	
ポ祖母	仕事もない人が何が疲れるの?	
ヨンスン	もう。	
ポ祖母	来てご飯を一口食べられないくらい疲れてるの?	31 한술：一さじ。わずかな食物
ヨンスン	お母さんがそうだから疲れるのよ!	
ポ祖母	何?	
ポラム	叔母さん、ご飯食べて。ここにスプーン…。ねぇ食べて、叔母さん。	
ヨンスン	そうだね。ごめんね、ポラム。ポラム、さあ食べて。	
ポラム	私は構わないんだけど、実はおばあちゃんがさっきから叔父さんが好きなおかず、一生懸命作ったの。	
	私と一緒に市場に行ったんだけど、ずっと叔父さんが好きな物ばかり買ったのよ。	
ヨンスン	ごめんなさい。私これで帰るわ。	32 이만 가 보다：これで行ってみる。ここでは「これで帰る」とした
ポ　母	ヨンスンさん。	
ポ　父	ヨンスン、おまえどこでスプーンを置いて、ばたばたと立ち上がっているんだ?　早く座れ!	33 빨딱빨딱：「발딱발딱」のこと。ばたばた
ヨンスン	兄さん。私ももう、子どもの母親よ。子どもじゃないのよ! 私にああしろこうしろ言わないで!	
ポ　父	早く座れ!　場所をわきまえずおまえは!	34 어디서 이게：どこでこれは。ここでは「場所をわきまえずおまえは」とした
ヨンスン	（泣きながら飛び出す）	

보아	(쫓아 나가며) 어, 영순아! 야!
보할	아유…. 내가 <u>죄인</u>[35]이다. 내가 죄인이야.
보람	할머니….

TR 29 식사 차리는

보할	저 여기에…. 내가 만든 반찬 갖고 왔네. [완네]
유 서방	아이, 장모님…. 이러실 것까지….
보할	자네를 위해 만든 거니 자네가 먹어야지.
유 서방	……… 장모님. 죄송합니다.
보할	아냐, 내가 미안하네. 자네한테 나도 모르게 짜증을 냈어. [짜증을 래써]
유 서방	아닙니다. 제가 잘못했습니다. 아 이거…. [잘모탣씀니다] 직장까지 그만두고 집에 있으려니까 마음이 좁아져서요….
보할	자, 이거 , 얼마 되진 않지만은…. [되지 난치만]
유 서방	이, 이게 이게 뭡니까, 장모님….
보할	얼마 안 돼. 결혼 기념일이 내일모레잖어. 은비 에미 데리고 나가서 외식도 하고 선물도 사 주고 그래.
유 서방	아이, 저 아직 돈 있습니다.
보할	알아, 알아. 그냥… 내 <u>성의</u>[36]니까 그렇게 해.
유 서방	장모님….
보할	난 우리 사위가 최고야. 증말 이야.

ポ父	（追っていって）ヨンスン！　おい！
ポ祖母	ああ…。私が悪いんだ。私が悪いのよ。
ポラム	おばあちゃん…。

 食事を準備する

ポ祖母	これ…。私が作ったおかず持って来たよ。
インチョル	お義母さん…。こんなことまで…。
ポ祖母	あんたのために作ったんだから、あんたが食べなくちゃ。
インチョル	……お義母さん。すみません。
ポ祖母	いや、私がすまないよ。
	自分でも知らずにあんたにかんしゃくを起こしたのよ。
インチョル	いや、私が悪かったです。ああ、この…。
	仕事まで辞めて家にいるから、心が狭くなって…。
ポ祖母	さあ、これ、いくらにもならないけど…。
インチョル	こ、これ何ですか、お義母さん…。
ポ祖母	いくらもないよ。結婚記念日があさってじゃないの。ヨンスンを連れて出て、外食もしてプレゼントも買ってやって。
インチョル	いや、私まだお金あります。
ポ祖母	分かってるよ、分かってる。
	ただ…私の気持ちだから、そうして。
インチョル	お義母さん…。
ポ祖母	私はうちの婿が最高だよ。本当よ。

³⁵ 죄인：罪人。ここでは「悪い」とした

³⁶ 성의：誠意、真心、気持ち

내 딸하고 평생 서로 위해[38] 주면서 예쁘게[39] 살아야 하네, 유 서방.

유 서방　예, 장모님….

私の娘と一生お互いに大事にしながら、幸せに暮らすのよ、インチョル君。

インチョル　はい、お義母さん…。

[38] 위하다 (為--)：(人や物を)
大事にする、慈しむ
[39] 예쁘다：きれいだ、美しい。
ここでは「幸せだ」とした

第5話 チェック問題 (解答はP.158)

1 日本語に訳してみよう。

① 결혼 전에는 말만 번지르르….

② 세상에서 제일 호강시켜 주겠노라 어쩌겠노라 하면서….

③ 보람이 할머니가 사위하고 한바탕했다고?

④ 와서 밥 한술 못 뜰 정도로 피곤해?

2 下記の表現を韓国語にしよう。

⑤ 単身赴任に飽き飽きして、出来心で辞表を出しちゃったそうよ。

( )이 너무 지겨워서 ( ) 사표를 내 버렸대요.

⑥ いや、それが…。手が滑って…。

아니 그게요…. ( )….

⑦ うちのお義母さんは多分、おまえよりもっと俺をかわいがってるだろうよ。

우리 장모님은 아마 당신보다 나를 더 ( ).

3 下記の表現を発音変化に気を付けて発音と意味を書こう。

	発　音	意　味
⑧ 굳이		
⑨ 집안일		
⑩ 일생일대		

콩과 콩깍지

豆とさや

나오는 사람들

보람 할머니, 보람 아빠, 보람 엄마, 보람

재동 아빠, 재동 엄마, 재동

第6話
콩과 콩깍지

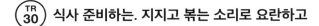

TR 30 식사 준비하는. 지지고 볶는 소리로 요란하고

재엄 보람 엄마. 저, 거기 시금치 좀 건네줘요.

보엄 예, 여기 있어요.

아니, 근데 음식을 왜 이렇게 많이 하세요?
[이러케]

재엄 시⁰¹부모님 생신상⁰²을 오랜만에 차리는데⁰³ 잘 차려 드려야지.

보엄 둘째 형님네도 같이 오신다고 했죠?
[가치]

재엄 응. 에휴, 우리 형님이 아주 꼬투리⁰⁴ 잡는 거 귀신⁰⁵인데 떨리는 거 있지.
[잠는]

'음식을 이렇게밖에 못 했나' 할까 봐서.
[모 탠나]

보엄 어유. 설마요.

재엄 에이, 우리 형님을 몰라서 그래.

아휴, 저, 거기 전⁰⁶ 좀 뒤집어 줘.

보엄 예, 네, 알았어요.

재동 엄마, 저, 뭐 좀 도와 드릴 거 없어요?
[드릴 꺼]

재엄 아유, 얘, 얘, 재동이, 너는 식탁에 수저 좀 놓고 있어.
[노코]

그리고 아빠는 케익 사러 간다더니 왜 안 오시냐?

재아 아, 여기 옵니다, 마님! 소인, 케이크는 여기 대령을 했사옵니다마는⁰⁷, 뭐 시
[시

키실 일이 있으시면은 하시라도⁰⁸ 분부를 내려 주시옵소서⁰⁹.
키실 리리]

재엄 케익은 거기다 놔 두고 과일하고 술 좀 챙겨요.

재아 아이구, 알겠습니다, 마마¹⁰!

豆とさや

［登場人物］
ポラムの祖母、ポラムの父、ポラムの母、ポラム
チェドンの父、チェドンの母、チェドン

 食事を準備する。焼いたり炒めたりする音で騒々しく

チェ母	ポラムちゃんのお母さん。あの、そこのホウレンソウ渡してちょうだい。
ポ 母	はい、どうぞ。
	いや、でも料理をなんでこんなにたくさん作るの？
チェ母	しゅうととしゅうとめの誕生日の料理を久しぶりに準備するんだけど、ちゃんと準備して差し上げないと。
ポ 母	２番目のお義姉さんのところも、一緒にいらっしゃると言ってたわよね？
チェ母	うん。ふう、うちのお義姉さんが本当に揚げ足を取るのが半端じゃないんだけど、震えるわ。「料理をこういうふうにしかできなかったのか」と言いそうで。
ポ 母	あら。まさか。
チェ母	いや、うちのお義姉さんを知らないからそう言うのよ。あら、そこのチョンをひっくり返して。
ポ 母	はい、はい、分かった。
チェドン	お母さん、何か手伝うことない？
チェ母	あ、ねえねえ、チェドン、おまえは食卓にスプーンと箸を置いて。それから、お父さんはケーキを買いに行くって言ってたけど、なんで帰ってこないの？
チェ父	ここにおります、奥さま！　小生、ケーキはここに控えておりますが、何かお命じになることがございましたら、いつでもお申し付けくださいませ。
チェ母	ケーキはそこに置いておいて、果物とお酒をちょっと準備して。
チェ父	かしこまりました、陛下！

01 시- (媤-)：(妻側から見た) 婚家を表す語
02 생신상 (生辰床)：誕生日のごちそう。「생신」は誕生日の尊敬語
03 차리다：整える、こしらえる。ここでは「準備する」とした
04 꼬투리：揚げ足
05 귀신：鬼神、鬼才。ここでは「半端じゃない」とした
06 전 (煎)：チョン。小麦粉を付けて溶き卵にくぐらせて焼く料理の名
07 대령하다 (待令--)：命令を待つ、控える
08 하시라도 (何時--)：いつでも。「하시」は「언제」の文語
09 분부 내리다 (分付·吩咐 ---)：仰せになる、言い付ける
10 마마 (媽媽)：昔身分の高い人の称号の後に付けた語。陛下、殿下

아이구, 아, 이거 저 보람 어머니.

보엄 네.

재아 이렇게 수고를 끼쳐서 어떡하죠?
[어떠카조]

보엄 아유, 아니에요. 저희 집 일 있을 때는 <u>재동이네</u>[11] 도움을 더 많이 받았는데
[바단는데
요, 뭐.
요]

재아 아이, 그, 저, 고맙습니다. 정말 고맙습니다.

(노래 흥얼거리는. "불러 봐도 울어 봐도 못 오실 어머님을 <u>원통해</u>[12] 불러 보

고~")

재엄 어이구, 노래를 불러도 저런 노래….

아휴, 자기가 응, <u>불효자</u>[13]인 건 아나 봐요, 응?

(TR 31) 식사하는 보람이네

보아 아유, 거 재동이 할머니 할아버지 덕분에 우리가 아주 잘 먹는데요.
[멍는데요]

보할 그러게 말이다.

보람 잡채 정말 맛있어요, 엄마.

보아 어, 정말.

보엄 응, 그치? 나도 <u>비법</u>[14]을 좀 배워야겠어. 근데 재동이 엄마가 좀 긴장하는
[비뻐블]
것 같더라구요, 어머니.

보할 긴장을 해? 왜?

보엄 음식을 만들면서두요, 계속 걱정을 하더라구요. 형님이 흉볼 거다, 시어머니
[흉볼 꺼다]
가 뭐라고 하실 거다, 하면서요.

보할 그래, 원래 '시' 자 붙으면은 시금치도 안 먹는 게 여자들 아니냐. 아, 긴장도
[월래]   [짜]

おや、あ、この、あのう、ポラムちゃんのお母さん。

ポ　母　　はい。

チェ父　こんなにご苦労を掛けてどうしましょう?

ポ　母　　いいえ。うちで何かあった時は、チョン家にもっと手伝ってもらいましたから。

チェ父　あ、ありがとうございます。本当にありがとうございます。
（歌を口ずさむ。「呼んでみても、泣いてみても、いらっしゃれないお母さんを嘆かわしく呼んでみて—」）

チェ母　ああ、歌を歌ってもあんな歌を…。

あらら、自分が親不孝者なのは分かっているようね、ね?

食事するポラム家

ポ　父　チェドン君のおばあさん、おじいさんのおかげで、俺たちがすっかりごちそうになるね。
ポ祖母　そうだね。

ポラム　チャプチェ本当においしいよ、お母さん。

ポ　父　うん、本当に。

ポ　母　うん、そうでしょ?　私も秘訣（ひけつ）をちょっと学ばなくちゃ。でもチェドン君のお母さんがちょっと緊張してるみたいでした、お義母さん。

ポ祖母　緊張する?　なんで?

ポ　母　料理を作りながらもずっと心配してるんですよ。お義姉さんが陰口を言うはずだ、しゅうとめが何か言うはずだって言ってね。

ポ祖母　そうさ、もともと、「シ」の字が付けば、シグムチ（ホ

11 재동이네:チェドン家。ここでは「チョン家」とした

12 원통하다 (寃痛--):嘆かわしい、非常に惜しい

13 불효자 (不孝者):親不孝者

14 비법:秘法、秘訣

되겠지, 뭐.

보엄   아, 그리고요, 재동이 아빠는 노래를 불러도 왜 또 그런 노래를 부르는지….

계속 노래를 흥얼거리더라구요.
[게송 노래를]

보아   아이, 무슨 노래를 부르는데?

보엄   '불효자는 웁니다.'

보아   원래 남자들이 그 노래 잘 불러. 나도 그 노래가 18번이잖아.

자식은 누구나 '나는 불효자다' 이런 죄의식을 지니고 사는 존재야. 그래서

그런 노래가 절로 나오지.

(TR 32) 전화벨 소리 계속되는

보아   아… 몇 신데…, 무슨 전화야?

보엄   아유, 그러게요…. 아휴, 불 좀 켜 봐요, 여보.

보아   아, 그래….

새벽 두 신데…. 누구 전화지?

(TR 33) 수화기 들며

보아   여보세요.

재아   보람 아빠. 나예요.

저 재동이 아빱니다.

보아   아! 전 형, 아휴, 이 시간에 웬일입니까?
[웬니림니까]

재아   예, 저… 늦은 줄은 압니다만…. 제가, 제가… 너무 괴로워서요….

저… 부탁인데, 좀 와 주시면 안 될까요? 이… 제가 너무 괴로워서 그래요.

ウレンソウ）も食べないのが女じゃないか。緊張も
するだろう。

ポ　母　　あ、そしてね、チェドン君のお父さんは歌を歌って
　　　　　も、なんでまたあんな歌を歌うのか…。
　　　　　ずっと歌を口ずさむんですよ。

ポ　父　　いや、どんな歌を歌うの？

ポ　母　　「親不孝者は泣きます」

ポ　父　　もともと男はその歌をよく歌うんだ。俺もその歌
　　　　　が18番じゃないか。
　　　　　子は誰でも「私は親不孝者だ」、そんな罪の意識
　　　　　を持って生きる存在さ。だからそんな歌がひとり
　　　　　でに出るんだ。

● 　電話のベルの音が続く

ポ　父　　あ…、何時だ…。何の電話だ？

ポ　母　　本当に…。ああ、電気ちょっとつけてみて、あなた。

ポ　父　　あ、そうだな…。

　　　　　夜中の2時なのに…。誰の電話かな？

● 　受話器を取って

ポ　父　　もしもし。

チェ父　ポラムちゃんのお父さん。僕です。

　　　　　あの、チョンです。

ポ　父　　あ、チョンさん、ああ、こんな時間にどうしたんで
　　　　　すか？

チェ父　あ、あの…遅いのは分かってるんですが…。僕が、
　　　　　僕が…とてもつらくて…。
　　　　　あの…お願いなんですが、ちょっと来てもらっては、

보아   아, 예, 예. 알겠습니다. 지금 곧 갈게요.
[곧 깔께요]

㉞ 수화기 놓고

보아   여보, 재동이네 좀 가 봐야겠어. 무슨 일이 있는 모양이야.
[무슨 니리] [인는]
재동 아빠 목소리가 안 좋아. 옆에서 재동 엄마 우는 소리도 들리고.

보엄   아, 뭐요? 재동 엄마가 울어요?

보아   어, 당신은 더 자. 내가 얼른 다녀올게.

보엄   아니에요, 나도 같이 가요.

㉟ 재동이 집에서

보엄   (찻잔 내밀며) 따뜻한 차 한 잔 드세요, 재동 엄마.
[따뜨탄]

재엄   고마워….

(찻잔 받으며) 아휴, 미안해 이 시간에.

보엄   아니에요, 괜찮아요.

재엄   근데 두 남자는 어딜 간 거야?

보엄   요¹⁵ 앞 포장마차¹⁶ 가서 한잔하고 온다고 나갔어요.

아니, 근데, 무슨 일이에요?

재엄   아휴~, 말도 마¹⁷. 아주버님하고 재동 아빠하고 한판 했어¹⁸.

보엄   재동이 큰아버지하구요?

재엄   응, 부모님 모시는 입장에서 아주버님이 재동 아빠한테 많이 서운하셨나 봐¹⁹.

섭섭한²⁰ 말이 한두 마디 오가다가 그게 싸움으로 번졌지 뭐야²¹.
[섭써판]

　　　　　駄目でしょうか？　この…僕がとてもつらいもの
　　　　　ですから。
ポ　父　あ、はい、はい。分かりました。今すぐ行きますよ。

 受話器を置いて

ポ　父　ミギョン。チェドン君の家、ちょっと行ってみない
　　　　　と駄目だな。何かあったみたいだ。
　　　　　チェドン君のお父さんの声が良くない。横でチェ
　　　　　ドン君のお母さんの泣く声も聞こえてたし。
ポ　母　え、何？　チェドン君のお母さんが泣いてるの？

ポ　父　おまえはもっと寝てな。俺が急いで行ってくるから。

ポ　母　ううん。私も一緒に行くわ。

 チェドンの家で

ポ　母　（湯飲みを差し出して）温かいお茶、1杯飲んで、
　　　　　ソンエさん。
チェ母　ありがとう…。

　　　　　（湯飲みを受け取って）ああ、ごめんね、こんな時
　　　　　間に。
ポ　母　ううん、大丈夫よ。

チェ母　ところで男二人はどこに行ったの？

ポ　母　この前の屋台に行って、1杯飲んでくるって出掛
　　　　　けたわ。
　　　　　いや、ところで、どうしたのよ？

チェ母　ああ、さんざんだわ。お義兄さんとうちのが衝突し
　　　　　たの。
ポ　母　チェドン君の伯父さんと？

チェ母　うん、両親と一緒に暮らす立場から、お義兄さん
　　　　　がうちのに対して不満があったみたいなの。寂し
　　　　　いと思っていた言葉が一言二言行き交って、それ

15 요：目前の事物を指す語。
　　この、これ
16 포장마차 (布帳馬車)：ほろ
　　馬車、テント形式の屋台
17 말도 마：さんざんだ、口に
　　もするな
18 한판 하다：一勝負する、一
　　戦交える。ここでは「衝突
　　した」とした
19 서운하다：物足りない、残
　　念だ、寂しい。ここでは「不
　　満があった」とした
20 섭섭하다：寂しい、残念だ。
　　ここでは「寂しいと思って
　　いた」とした
21 -지 뭐야：あきれたり人を
　　戒めたりするときの表現。
　　～することないのに、～す
　　るなんて、～するのよ

보엄　……아휴….

재엄　시아버지 시어머니한테 우리가 아주 큰 불효를 저질렀어. 형제끼리 싸우는 모습을 보였으니…. 아휴. 효도 한번 하려고 했던 일이 오히려 불효를 저지른 꼴[22]이 되고 말았어.

　　아이고, 속상해 죽겠어 보람 엄마.

(TR 36) 포장마차, 술 마시는 보람 아빠, 재동 아빠

재아　제가요, 제가 형님한테 대들었어요. 내가 잘못을 해 놓고, 반성은 못 할망정[23] 우리 형님한테 막 대들었어요. 정말 괴롭습니다.

보아　아휴, 전 형, 저, 그, 〈삼국지〉에 보면요, 저, 이런 대목이 나옵니다. 조조는 거, 장남 조비하고 차남 조식, 이렇게 아들을 둘을 뒀었죠. 근데요, 조비는 아우 조식이 자기 권좌를 탐내지 않을까 늘 경계했답니다.

　　그래서 어느 날, 동생 조식을 불러서 시를 짓도록 명했죠.

　　'형과 아우를 주제로 하되[24], 형과 아우란 말이 절대 들어가면 안 되고, 내가 일곱 걸음을 떼는[25] 동안에 시를 지어 내도록 해라.' 이렇게요.

[진또롱 명핸쪼]

[절때]

[내도로 캐라]

　　그때 조식이 어떤 시를 지었는지 아십니까?

　　"콩깍지를 태워 콩을 볶으니[26],

　　콩은 솥 안에서 울고 있구나.

[소 다네서]

　　본래 같은 뿌리에서 나왔거늘[27],

[볼래]

　　어찌 이리 급하게 볶아 대는고[28]."

[그파게]

　　이 시를 보고 형인 조비가 눈물을 뚝뚝 흘렸답니다.

がけんかになっちゃったのよ。

ポ 母　……まあ…。

チェ母　しゅうと、しゅうとめに私たちがえらい親不孝を
やらかしたの。兄弟同士けんかする姿を見せたん
だから…。親孝行しようと思ったことが、むしろ親
不孝をやらかすざまになってしまったの。

ああ、つらくて仕方ないわ、ミギョンさん。

[22] 꼴：事物の状態、格好、ざ
ま、ありさま

 屋台、お酒を飲むポラムの父、チェドンの父

チェ父　僕がね、僕が兄に食ってかかりました。僕が間違
いを犯しておきながら、反省をしないどころか、う
ちの兄にむちゃに食ってかかりました。本当につ
らいです。

ポ 父　チョンさん、「三国志」にですね、こんな場面が出
てきます。曹操（そうそう）は長男の曹丕（そうひ）と
次男の曹植（そうしょく）、このように息子が二人い
ました。だけど、曹丕は弟の曹植が自分の権力の
座を欲しがらないか、常に警戒していたそうです。

それである日、弟の曹植を呼んで詩を作るように
命じたんです。
「兄と弟を主題にするが、兄と弟という言葉が絶
対入ってはならず、私が7歩進む間に詩を作って
みよ」。こんなふうに。

その時、曹植がどんな詩を作ったのか知ってます
か？
「さやを燃やして豆をいったら、

豆は釜の中で泣いている。

本来同じ根から出たのにもかかわらず、

どうしてこのように急いでいるのか」

この詩を見て兄である曹丕が、涙をぽたぽたと流

[23] -(으)ㄹ망정：〜といえども、
〜するとも、〜どころか

[24] -되：〜するが、〜するけれ
ども
[25] 떼다：（歩みなどを）踏み出
す、前に進む

[26] 볶다：いる、炒める。他に
「いたぶる」、「いじめる」の
意味も持つ

[27] -거늘：文語体の語尾。〜
にもかかわらず
[28] -는고：「-는가」の文語体。
〜のか、〜か

재아   콩과 콩깍지요….

보아   예, 맞습니다. 콩과 콩깍지, 그게 형제예요. 근데 콩깍지로 콩을 볶는 일을
[봉는 니를]
우리는 가끔 하게 되죠. 그래 놓고 괴로워하구요.

재아   콩과 콩깍지….

보아   세상에서 형제처럼 가까운 사이가 또 있겠습니까?

부부는 의복과 같아서 벗어 버리면 그만이지만, 형제는 수족과 같아서 떼어

버릴 수가 없다고 하잖습니까[29].
[버릴 쑤가]   [하잔씀니까]

재아   제가 잘못했다고… 용서해 달라고 제가 말하고 싶은데.
[잘모탣따고]
그런 말을 할 용기도 안 나요.

보아   그러지 마시고 내일 당장 찾아가세요. 찾아가서 무조건[30] 잘못했다고 하세
[무조껀]
요. 콩깍지로 콩을 볶아 봐야 뭐 하겠습니까?

지 몸만 괴롭고 뜨겁지요.

(TR 37) 재동이네

재동   아빠. 어, 현관문에 이게 놓여 있어요.

재아   아이, 아이, 그게 뭔데?

재동   편지 같은데요?

재아   펴, 편지? 줘 봐. (편지 봉투 뜯고 편지 읽는)

이게 무슨 편지야, 이거, 음. '사랑하는 동생에게. 어젯밤 한숨도 못 자고 니

생각을 했다.'

재엄   여보, 해장국[31] 끓여 놨어.
[해장꾹]

　　　　したそうです。

チェ父　豆とさやですか…。

ポ　父　はい、そうです。豆とさや…、それが兄弟です。でもさやで豆をいることを、僕たちはたまにやってしまいます。そうしておいて苦しがるんです。

チェ父　豆とさや…。

ポ　父　世の中で兄弟のように近い関係が、またとありますか？
　　　　夫婦は服みたいなもので、脱いでしまえばそれまでだが、兄弟は手足みたいなものだから、切り離すことができないと言うじゃないですか。

チェ父　私が悪かったと…許してほしいと僕は言いたいのに。

　　　　そんなことを言う勇気も出ないんです。

ポ　父　そう言わず、明日すぐに訪ねていってくださいよ。訪ねていってとにかく悪かったと謝ってください。さやで豆をいって、どうするんですか？

　　　　自分の体が苦しくて熱いだけでしょ。

🔵 チェドン家

チェドン　お父さん。玄関にこれが置いてあったよ。

チェ父　それは何だい？

チェドン　手紙みたいだよ？

チェ父　て、手紙？　貸してごらん。（封筒を開けて手紙を読む）
　　　　これ何の手紙かな、これ。「愛する弟へ。昨晩一睡もできず、おまえのことを考えた」

チェ母　あなた、ヘジャングク作っておいたわよ。

106

재동   쉿! 엄마.

큰아빠가 아빠한테 편지를 두고 가셨나 봐요.

재엄   뭐… 뭐?

재아   (울먹이며 편지 읽는)

'어릴 때 뛰어놀던 추억들, 학창 시절에 함께 어렵게 공부하던 기억들, 그런 기억들을 떠올리며 밤을 지새고[32] 나니, 내 동생인 너한테 용서를 빌어야[33] 한다는 생각을 했다. 형이 미안하다. 용서해 다오[34].'

쳇, 아이…. 형이 뭐가 미안해? 내가 미안하지.

용선[35] 내가 빌어야지. 형…. 형, 내가 잘못했어요. 미안헙니다[36]. 용서하세
[잘모태써요]
요, 형.

チェドン　しっ！　お母さん。

　　　　　伯父さんがお父さんに手紙を置いて行ったみたい。

チェ母　な…何？

チェ父　（涙ぐみながら手紙を読む）

「幼い頃飛び回って遊んだ思い出、学生時代に共に苦労して勉強した記憶、そんな記憶を思い浮かべながら夜を明かしたら、私の弟であるおまえに、許しを請わなければならないと思った。俺がすまなかった。許してくれ」

クッ、あ…。兄さんが何がすまないんだ？　俺がすまないさ。
許しは俺が請わないといけないのに。兄さん…。
兄さん…、俺が悪かったよ。すまない。許してくれ、兄さん…。

³² 밤을 지새다：正しくは밤을 지새우다。「夜を明かす」という意味

³³ 용서를 빌다（容恕- --）：許しを請う

³⁴ 용서해 다오（容恕- --）：「용서해 달라」の하오体。許してくれ

³⁵ 용선：「용서는」のこと

³⁶ 미안헙니다：「미안합니다」のこと

第6話 チェック問題 (解答はP.158)

1 日本語に訳してみよう。

① 우리 형님이 아주 꼬투리 잡는 거 귀신인데 떨리는 거 있지.

② 하시라도 분부를 내려 주시옵소서.

③ 아주버님하고 재동 아빠하고 한판 했어.

④ 내가 일곱 걸음을 떼는 동안에 시를 지어 내도록 해라.

2 下記の表現を韓国語にしよう。

⑤ ケーキはそこに置いておいて、果物とお酒をちょっと<u>準備して</u>。

케익은 거기다 놔 두고 과일하고 술 좀 (　　　　　　　　).

⑥ しゅうと、しゅうとめに私たちがえらい<u>親不孝</u>をやらかしたの。

시아버지 시어머니한테 우리가 아주 큰 (　　　　　　　　).

⑦ 私の弟であるおまえに、<u>許しを請わなければならない</u>と思った。

내 동생인 너한테 (　　　　　　　　) 한다는 생각을 했다.

3 下記の表現を発音変化に気を付けて発音と意味を書こう。

	発　音	意　味
⑧ 원래		
⑨ 절대		
⑩ 해장국		

다시 시작하면 돼!

もう一度始めればいいんだ！

나오는 사람들

보람 할머니, 보람 아빠, 보람 엄마, 보람

재동 아빠, 재동 엄마, 재동

재석, 은아

第 7 話
다시 시작하면 돼!

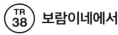 보람이네에서

| 보엄 | 보람아, 은지네 언니 대학 시험 쳤잖아. |

어떻게 됐니?
[어떠케] [됀니]

보람 모르겠어요. 물어보기도 좀 겁나요.
[겁나요]

안 됐으면 어떡하죠?
[어떠카조]

보엄 아우, 그러게.

보아 요즘은 합격자 발표를 어떻게 하나?

옛날엔 학교에 가서 합격자 공고⁰¹ 게시판에서 직접 확인했는데.
[옌나렌]   [화기낸는데]

보엄 아이고, 참, 선사시대 얘기하고 있네요.
[인네요]

요즘은 아마 전화로 알아볼걸?
[아라볼껄]

보람 아 엄마.

보엄 어?

보람 그것도 옛말이구요. 요즘은 인터넷으로 알아봐요.

**보아,
보엄** 그렇구나.
[그러쿠나]

보할 휴대폰 문자⁰²로 알려 주기도 한다던데?
[문짜]

보람 오, 역시 우리 할머니가 요즘 시대를 아신다니까!

요즘은 인터넷으로 알아보기도 하고, 어떤 학교는 휴대폰 문자로 통지해 주

고 그래요.

보아 어머니, 생각나세요? 제 대학 합격자 발표 날이요.
[생강나세요]

もう一度始めればいいんだ！

［登場人物］
ポラムの祖母、ポラムの父、ポラムの母、ポラム
チェドンの父、チェドンの母、チェドン
チェソク、ウナ

 ポラム家で

ポ 母 ポラム。ウンジンちのお姉さん、大学の試験受け
たじゃない。
どうなったの？

ポラム 分からない。聞くのもちょっと怖いもん。

駄目だったらどうする？

ポ 母 ああ、そうね。

ポ 父 最近は合格者発表をどんなふうにしてるかな？

ポ 母 昔は学校へ行って、合格者発表掲示板で直接確
認したけれど…。
まあ、まったく先史時代の話をしてるわね。

最近は多分電話で調べるでしょう？

ポラム ああ、お母さん。

ポ 母 うん？

ポラム お母さん、それも昔の話だよ。近ごろはインター
ネットで調べるよ。

ポ 父、
ポ 母 そうなんだ。

ポ祖母 携帯メールで知らせてくれたりもするらしいよ？

ポラム おお、やっぱりうちのおばあちゃんが、今どきの時
代を知ってるんだから！
最近はインターネットで調べたりもするし、ある学
校では携帯メールで通知してくれるそうよ。

ポ 父 母さん、覚えてる？ 俺の大学合格者発表の日。

01 공고：公告、お触れ。ここ
では「합격자 공고」を「合
格者発表」とした

02 휴대폰 문자（携帯phone文
字）：携帯メールのこと

보할   아, 그럼. 생각나지. 얼마나 떨렸는지. 그냥 나는 발걸음도 못 떼겠는데. 넌
[발꺼름]   [떼겐는데]
성큼성큼⁰³ 게시판 있는 곳으로 인파를 뚫고⁰⁴ 들어가더라.
[인파]   [뚤코]
거, 합격자 번호를 확인하고 나올 널 기다리는데, 아이고, 그때는 어찌나 긴
[나올 럴]
장되던지….

그냥 '예수님! 부처님! 신령님!' 허고⁰⁵ 그냥 다 찾았어.
[실령님]

보람   신기하다. 어떻게 그 많은 합격자를 게시판에 붙여 놔요?
[부처]

보아   어, 그땐 대학 캠퍼스 안에 대형 나무 판이나 벽에 게시판을 붙여서 대학 합

격자 명단을 발표했어.

보람   우와!

보아   수험생과 가족들이 운동장을 가득 메우고, 합격자 명단이 적힌 커다란 게시
[가등 메우고]   [저킨]
판 주변에는 사람들이 새까맣게 몰려들어서 자기 수험 번호와 이름을 찾으
[새까마케]
려고 애를 썼지. 게시판 명단을 봐야 합격 여부를 알 수 있었으니까.
[알 쑤]

보람   우와, 되게 떨렸겠다.

보할   아휴, 그때 인파를 뚫고 애비가 나오는데 멀리서 보니깐 표정이 너무 어두

운 거야, 응? 나는 '아이쿠, 이거 떨어졌구나' 하면서 이냥, 다리의 이냥, 힘

이 쫙 풀리면서 아, 그냥 털썩 주저앉아 버렸지 뭐냐⁰⁶, 응? 근데 글쎄 애비

가 나 놀리느라고 장난친 거였어.

보엄   당신도 참! 아휴.

보할   갑자기 환하게 웃으면서, '엄마. 놀랐죠? 저 붙었어요.' 하는 거야.

보람   아이, 아빠!

보아   그때 어머니가 갑자기 울어 버리셨잖아요. 아주 서럽게 흐느끼시면서요.

아, 그때 제가 얼마나 당황했던지….

ポ祖母	もちろん。覚えてるよ。どんなに震えたか。私は歩き出せもしなかったのに、おまえはつかつかと掲示板のある所に、人波をかき分けて入っていったんだよ。 合格者番号を確認して出てくるおまえを待つのに、ああ、あの時はどんなに緊張したか…。

ただ「イエス様！ 仏様！ 神様！」と言って、全部にお願いしたよ。

ポラム	不思議だわ。どうやってあんなに多い合格者を掲示板に張っておくの？
ポ 父	あの頃は大学のキャンパスの中に、大型の木の板や、壁に掲示板を張って、大学の合格者名簿を発表したんだ。
ポラム	うわあ！
ポ 父	受験生と家族らが運動場をぎっしりと埋めて、合格者名簿が書かれた大きな掲示板の周りには、人が黒山のように群がって、自分の受験番号と名前を探そうと苦労したんだよ。掲示板名簿を見て初めて、合格の可否が分かったから。
ポラム	うわあ、すごく震えただろうね。
ポ祖母	あの時人波をかき分けてヨンジンが出てくるんだけど、遠くから見たら表情がとても暗いのよ。私は「ありゃ、これは落ちたんだわ」と思って、足の力がスーッと抜けると同時に、そのままべったり座り込んでしまったさ。ところがそれがね、ヨンジンが私をからかおうとして、悪ふざけしたんだよ。
ポ 母	あなたったら！
ポ祖母	急に明るく笑いながら、「母さん。驚いたでしょ？ 僕、受かったよ」って言うんだよ。
ポラム	もう、お父さんは！
ポ 父	あの時、母さんが急に泣き出しちゃっただろ。すごく悲しげにすすり泣きながら。 あ、あの時俺はどんなにうろたえたか…。

03 성큼성큼：大股で歩くさま。つかつか、ずんずん
04 뚫다：(困難などを)くぐり抜ける、貫く

05 허고：「하고」のこと

06 -지 뭐야：あきれたり人を戒めたりするときの表現。〜することないのに、〜するなんて、〜するのよ

보할   사람들이 니가 떨어진 걸로 알고 다 위로하고 갔잖어.

보아   예.

보할   너무 상심[07] 말라고, 다음에 또 기회가 있을 거라고.
                                                    [이쓸 꺼]

보아   예, 어머니. 아휴, 정말 그때 생각이 나네요.

보할   그래, 생각이 나네 ….

(TR 39) 재동이네에서

재엄   응, 이제는 얼마나 편해~? 추운 날 학교 가지 않아도 되고, 벽보[08]가 도착할
                                                              [도차칼]
       때까지 발을 동동거리며[09] 기다리지 않아도 되고, 인파를 뚫구 내 번호와 내
                                                       [뚤쿠]
       이름을 찾으려고 애쓰지도 않아도 되고….

재아   그래도 그때가 좋았어, 응? 정감이 있었잖아.

재동   아빠, 아빠는 재수[10] 한 번도 안 하고 단번에[11] 대학 붙었어요?

재아   아냐, 아냐, 아냐. 나 한 번 실패를 해 봤지.

       합격자 명단 앞에서 펄펄[12] 뛰며 좋아하는 수험생들….

       그 사이로 내가 고개를 푹 숙이고 나서는데….

       우리 어머니가 나를 품에 안아 주시더라구.

       '괜찮다, 다음 기회가 있잖니….' 이케 위로를 하시면서….
       [괜찬타]
       그런데 아…, 이…. 당신[13]이 더 눈물을 흘리시는 거야….

       야, 그때 그, 우리 어머니 모습이 잊혀지지가 않아, 내가.
                                       [이처지지가]
재동   우리 엄마 같았으면 안 그랬을 텐데….

재엄   뭐? 나 같으면 어떨 거 같은데?

재동   엄마는 '니가 더 노력했으면 합격했을 거 아냐! 거봐! 쌤통[14]이다, 전재동[15]!'.
       [노려캐쓰면]   [합꺼캐쓸 꺼]

ポ祖母	周りの人はおまえが落ちたと思って、みんな慰めていったじゃない。
ポ 父	うん。
ポ祖母	あまり悲しまないでと、次にまた機会があるって。
ポ 父	うん、母さん。ああ、本当にあの頃を思い出すなあ。
ポ祖母	うん、思い出すね…。

07 상심：傷心、心を痛めて悲しむこと

 ## チェドン家で

チェ母	今はどんなに楽よ。寒い日、学校に行かなくてもいいし、張り紙が来る時までじりじり気をもみながら待たなくてもいいし、人波をかき分けて自分の番号と自分の名前を探そうと苦労しなくてもいいし…。

08 벽보 (壁報)：壁新聞、張り出し、張り紙
09 발을 동동거리다：足をトントンさせる、足踏みをする、じりじり気をもむ

チェ父	それでもあの頃が良かったな。情感があったじゃないか。
チェドン	お父さん、お父さんは浪人を一度もしないで、ストレートで大学に受かったの?
チェ父	いや、いや、いや。俺は一度失敗したさ。

10 재수 (再修)：(大学などの)浪人
11 단번에 (単番-)：即座に、一度で、ストレートで
12 펄펄：勢いよく跳ねるさま。ぴょんぴょんと

	合格者名簿の前でピョンピョン跳ねながら喜ぶ受験生たち…。 その間を俺は頭をがっくりと下げて出てきたんだが…。 母さんが俺を懐に抱きしめてくれたんだよ。 「大丈夫さ、次の機会があるじゃないか…」とこう、慰めながら…。 それなのに…。自分がもっと涙を流すんだよ…。 あの時の母さんの姿が忘れられないよ、俺は。
チェドン	うちのお母さんだったら、そうじゃなかっただろうな…。
チェ母	何? 私だったらどうなるのよ?
チェドン	お母さんは「おまえがもっと努力してたら合格して

13 당신 (当身)：(話題の中で目上の人の三人称として)ご自身、ご自分
14 쌤통：人がろうばいするような境遇にあるとき、それを面白がって言う表現。ざま。ここでは「当然の報い」とした
15 전재동：チョン・チェドン。日本語ではフルネームで呼ばないので「チェドン」とした

이럴 거 같은데요?

재엄 얘가, 정말!

재동 아니에요, 그럼?

재엄 아이고, 당연하지! 니가 노력 안 해서 불합격한 것을 내가 뭐, 어쩌라구! 울긴 왜 울어? 혼내 줘야지.

재아 어이구, 그래 그래 그래. 야, 전재동. 넌 인마[16] 저 니 엄마를 그렇게 모르겠냐?
[그러케] [모르겐냐]
엄마는 겉으로는 이래도 이 속으로는 엄청 연약한 여자야.
[여냐칸 녀자]
너한테 거, 혼내 줘 놓고 나서 혼자 돌아서 가지고[17] 그냥, 펑펑[18] 울걸. 속상
[노코]
해 가지고.

재동 그런가?

재아 그럼.

재동 아무튼 다행이에요.

요즘은 컴퓨터로 합격자 발표하니까 추운 날 대학교 운동장에서 울지 않아도 되잖아요.

따뜻한 방 안에서 이불 뒤집어쓰고[19] 우세요, 예?
[따드탄]

재엄 어이구, 어이구, 효자[20] 났네. 근데 기왕 효도[21]하려면 합격해서 엄말 웃게
[난네]
해 주는 게 어떨까 싶다. 합격해서 웃을 걸 생각해야지 왜 떨어져서 울 걸
[생가캐야지]
상상하냐?

재동 엄만! 제가 이대로 가면 대학 불합격할 거다, 뭐, 이런 계산 정도는 할 줄 알
[할 쭐]
죠, 제가.

제가요, 나름 예민하다구요[22].

재엄 그러서? 분석적이고 똑똑하고 예민한 전재동!
[똑또카고]

たわよ！ それ見たことか！ 当然の報いよ、チェドン！」。こう言うと思うよ?

チェ母 この子は、本当に！

チェドン 違うの、それじゃ?

チェ母 やれやれ、当たり前よ！ おまえが努力しなくて不合格になったのを私にどうしろって言うの！ 泣くって、なんで泣くのよ? 叱らなきゃ。

チェ父 ああ、そうだ、そうだ。おい、チェドン。おまえはこいつめ、自分の母さんをそんなに知らないのか? 母さんは表はこんなふうでも、中身はすごくか弱い女なんだ。
おまえを叱っておいて、一人で裏で、ボロボロと泣くぜ。つらくて。

チェドン そうなのかな?

チェ父 そうだよ。

チェドン とにかく良かったよ。

最近はコンピューターで合格者発表するから、寒い日に大学の運動場で泣かなくてもいいからさ。

暖かい部屋の中で布団を頭からすっぽりかぶって泣いてよ。ね?

チェ母 まあ、親孝行な子だこと。でも、どうせ親孝行するなら合格してお母さんを笑わせてくれるのはどうかと思うんだけど? 合格して笑うことを考えなきゃ、なんで落ちて泣くことを想像するのさ?

チェドン お母さんは！ 僕がこのまま行くと大学は不合格になるはずだ、まあ、こんな計算ぐらいはできるよ、僕は。

僕はね、そこそこ鋭いんだから。

チェ母 そうでらっしゃいますか? 分析的で利口で鋭い

16 인마：「이놈아」の縮約語。こいつめ、このやろう

17 돌아서다：振り向く、背を向ける。ここでは「裏で」とした
18 펑펑：多量の液体が流れるさま

19 뒤집어쓰다：頭からすっぽりかぶる
20 효자 (孝子)：親孝行者
21 효도 (孝道)：親孝行

22 예민하다：鋭敏だ、鋭い

미래가 그렇게 걱정되면 빨리 들어가서,

재동 공부해 ~!

재아 야, 전재동이 아니라 전자동이다, 전자동.

버튼 누르면 '공부해' 말이 나오는 전자동!

재동 아, 그런가?

(TR 40) 재동 사촌 형, 대학 입시 발표를 듣고

재아 재석아. 괜찮아, 괜찮아, 응? 또 기회가 있는 거야.

재엄 그래, 재석아. 엄마한테 들었어. 너 불합격했다고 해서 그렇게 계속 방에 틀

어박혀 있으면 어뜩해[23]? 그래서 작은엄마하구 작은아빠가 널 부른 거야, 응?
[트러박켜] [어뜨캐]

재아 그래.

재석 (힘이 쭉 빠져 있는[24]) 면목 없어요. 작은아버지, 작은어머니.

두 분이 제게 응원 많이 보내 주셨는데…. 이런 결과를 보여서요.

재아 아이, 인마! 이 무슨 소리야[25]! 나도 대학 입시에 실패를 해 봤거든? 그래서

나는 이렇게 감히[26] 말하고 싶어.
[이러케]

대학에 단번에 합격한 사람하고는 인생을 말하고 싶지 않다.
[안타]

대학 실패한 1년의 세월은 이, 길게 보면 이게 아무것도 아냐. 재석아, 힘내[27],
[일려네]

인마.

재석 예.

재엄 그래. 위기는 곧 기회라고 하잖아. 시간이 조금 더 걸리는 것뿐이야. 힘낼 수

있지?

チェドンさん!

将来がそれほど心配なら早く部屋に入って、

チェドン　勉強しなさいー!

チェ父　おい、チョン・チェドンではなく全自動だ、全自動。

　　　　ボタン押したら「勉強しなさい」っていう言葉が出
チェドン　る全自動!
チェドン　あ、そうかな?

 チェドンのいとこ、大学入試の発表を受けて

チェ父　チェソク。大丈夫だよ、大丈夫さ。また機会があ
　　　　るもんだ。
チェ母　そうよ、チェソク。お母さんから聞いたわよ。おま
　　　　え、不合格だからって、そんなにずっと部屋にこ
　　　　もっていてどうするの?　それで叔母さんと叔父さ
　　　　んが、おまえを呼んだのよ、ね?
チェ父　そうさ。

チェソク　(肩の力を落として)面目ないよ。叔父さん、叔母
　　　　さん。
　　　　二人が俺をずいぶん応援してくれたのに…。こん
　　　　な結果を見せて。
チェ父　いや、こいつは!　何言ってるんだ!　俺も大学入
　　　　試に失敗をしたんだよ。だから俺はこうあえて言
　　　　いたい。

　　　　大学にストレートで合格した人とは、人生を語り
　　　　たくない。
　　　　大学を失敗した1年の歳月は、長い目で見れば、こ
　　　　んなこと何でもないんだ。チェソク、頑張れ、こいつ。

チェソク　はい。

チェ母　そうよ。危機はすなわち、チャンスと言うじゃない
　　　　の。時間がもうちょっとかかるだけよ。元気出せ
　　　　るわよね?

23 어떡해 :「어떡해」のこと

24 힘이 쭉 빠져 있다 : 力が
すっかり抜けてしまってい
る。ここでは「肩の力を落
として」とした

25 무슨 소리야 :「何の話なの
か?」。ここでは「何を言っ
てるんだ」とした

26 감히 : あえて

27 힘내다 : 力を入れる、頑張
る、精を出す、力 (元気) を
出す

재석　…. 예. 고맙습니다.

재아　그래, 그래. 아이, 저 당신 뭐 해? 거 맛있는 것 좀, 내 와.

재엄　응, 응? 그래요. 알았어요.

　　　재석이가 좋아하는 갈비찜[28], 많이 해 뒀어. 먹자. 먹고 힘내야지, 응?

(TR 41) 식사하는 보람이네와 은아

보람　은아 언니, 축하해요!
　　　[추카해요]

은아　고마워, 보람아.

보엄　자, 어서 많이 먹어, 응?

은아　네, 저를 위해 이렇게 식사까지 준비해 주시구, 정말 고맙습니다.

보할　아이고, 아, 우리 보람이가 얼마나 은아 언니를 따르는지…[29].

　　　우리가 고맙지. 대학 합격 축하한다, 은아야.
　　　　　　　　　　[대하 캅격]

은아　고맙습니다.

보아　그래, 거, 대학에 들어가면 눈요기[30] 많이 하게 될 거야. 거, 캠퍼스도 멋있고,
　　　　　　　　　　　　　　[눈뇨기]
　　　멋진 볼거리[31]도 가득가득하지. 그래도 말이야, 마음 요기[32]도 많이 해야 된다.
　　　　　　[볼꺼리]　　[가득까드카지]　　　　　　　[마음 뇨기]

은아　마음 요기요?

보아　그래. 보고 느끼는 것도 많아야겠지만, 책도 많이 읽고 공부도 열심히 해서
　　　　　　　　　　　　　　　　　　　　　　　　　　　　　　[열씨미]
　　　마음도 쑥쑥[33] 커 가야지.

보람　에이, 아빠. 공부 얘긴 좀 빼세요. 지금까지 공부에 질린 언니한테 너무해요.

보아　어허, 그래 그래 그래. 미안 미안.

은아　괜찮아요. 아저씨 말이 맞아요[34]. 대학 들어가고 나서 눈요기 마음 요기 많
　　　이 해서 멋진 어른이 되겠습니다.

チェソク	…。はい。ありがとうございます。
チェ父	そう、そう。あ、おまえ、何してる？　おいしいの出してきて。
チェ母	うん？　そうね。分かったわ。
	チェソクが好きなカルビチム、たくさん作っておいたわ。食べよう。食べて元気出さなくっちゃ、ね？

28 갈비찜：少量の煮汁で蒸し煮にしたバラ肉の料理名

食事するポラム家とウナ

ポラム	ウナ姉さん、おめでとう。
ウ　ナ	ありがとう、ポラムちゃん。
ポ　母	さあ、どうぞたくさん食べて、ね？
ウ　ナ	私のためにこんな食事まで準備してくださって、本当にありがとうございます。
ポ祖母	あ、うちのポラムがどれほどウナを慕っているか…。
	私たちがありがたいよ。大学合格おめでとう、ウナ。
ウ　ナ	ありがとうございます。
ポ　父	うん、大学に入ったら目の保養がたくさんできるようになるはずだ。キャンパスもしゃれていて、すてきな見どころもいっぱいだ。でもな、心を楽しませることもたくさんしなきゃいけないよ。
ウ　ナ	心を楽しませることですか？
ポ　父	そうだよ。見て感じることもたくさんあるべきだけど、本もたくさん読んで、勉強も一生懸命して、心もすくすく成長しないとね。
ポラム	もう、お父さん。勉強の話はちょっとやめてよ。今まで勉強して飽き飽きしてるお姉さんにあんまりよ。
ポ　父	おお、そうだ、そうだ、そうだ。ごめん、ごめん。
ウ　ナ	大丈夫です。おじさんのおっしゃる通りです。大学に入ってから目の保養、心を楽しませることをたくさんして、すてきな大人になります。

29 따르다：なつく、慕う

30 눈요기 (-療飢)：目を楽しませること、目の保養
31 볼거리：見もの、見どころ
32 마음 요기 (-- 療飢)：心を楽しませること

33 쑥쑥：勢いよく成長するさま。すくすく、ぐんぐん

34 말이 맞다：言っていることが正しい。ここでは「おっしゃる通り」とした

보할   아이구, 어쩜 이렇게 <u>말도 예쁘게 하누</u>[35].

보엄   아우, 그러게요.

(TR 42) 재동네에서

재아   여보. 아, 재동이가 책상에 앉아서 한 시간을 <u>채우네</u>[36] 엉?

사촌 형 재석이가 대학을 실패하니까 자기가 긴장되나 봐.

재엄   응, 근데 그 한 시간 동안 뭘 하고 있었는지 알어?
　　　　　　　　[시간 똥안]

재아   엥?

재엄   연필 깎아서 가지런히 놓구, 연습장은 쫙 펴 놓구, 응, 책은 또 이쪽에다가
　　　　　　　　　　　　　　　[노쿠]
가득 쌓아 놓구. 공부하면서 졸릴까 봐 그런대나?

먹을 것도 준비해 놓구, 심호흡 하구 있어. 공부는 시작도 않구 말이야.
[머글 껃또]　　　　　　　　[시모흐 파고]　　　　　　　　　　　[안쿠]
이제 "공부 시작!" 하면 <u>곧바로</u>[37] 먹구, 곧바로 졸기 시작할걸?
　　　　　　　　[시자 카면]

으이그!

재아   아이. 아이, 그래도 준비한다는 게 <u>어디야</u>[38]? 준비하면 되는 거야, 응? 이 <u>마

음을 가졌다는</u>[39] 거잖아.

재엄   <u>실속</u>[40]도 없이 준비만 하는 게 좋아, 당신은?
　　[실쏙또]

재아   아니 어때 어때, 응? 비록 실속은 없어도 좋다!
　　　　　　　　　　　　　　　[조타]
꿈과 이상만 높아도 좋다! 응? 그래도 나는 준비하련다! 이렇게 시작하면

되는 거야.

재엄   아휴, 그래, 그럼 되는 거지, 뭐! 준비라도 하는 게 어디야, 응?

재아   아이, 그럼.

ポ祖母	まあ、どうしてこんなに言うこともかわいいのかしら。
ポ 母	ええ、本当に。

 チェドン家で

チェ父	ソンエ。いや、チェドンが机に座って1時間になるな？
	いとこのチェソクが大学に失敗したから、自分も緊張するみたいだな。
チェ母	うん、でもその1時間の間、何をしてたか知ってる？
チェ父	えっ？
チェ母	鉛筆削ってそろえて置いて、練習帳はぱっと開いておいて。本はまたこっち側にいっぱい積んでおいて。勉強しながら眠くなるかもしれないからとか言って？ 食べる物も準備しておいて、深呼吸してるの。勉強は始めもしないでさ。 今から「勉強始め！」と言ったら即座に食べて、即座に居眠り始めるわよ。 もうっ！
チェ父	ああ、それでも準備するっていうのは大したもんだ。準備すれば十分だよ。心構えをしたということじゃないか。
チェ母	中身が伴わないのに準備だけしてるのがいいの、あなたは？
チェ父	それがどうした。たとえ中身が伴わなくてもいいさ！ 夢と理想ばかり高くてもいいさ！ それでも俺は準備するんだ！ こんなふうに始めればいいんだよ！
チェ母	ふう、そうね、それでいいわよね！ 準備するだけでも大したものよ。
チェ父	ああ、そうさ。

35 말도 예쁘게 하다：言葉もかわいく言う。ここでは「言うこともかわいい」とした

36 채우다：(期限などを)満たす。ここでは「なる」とした

37 곧바로：直ちに、即座に

38 어디야：(反語的疑問文で)数、場所、範囲などがとても重要であることを表す語。大したもの

39 마음을 가지다：考えを持つ。ここでは「心構えをする」とした

40 실속 (実-)：実際の中身、実益

第7話 チェック問題 （解答はP.159）

1 日本語に訳してみよう。

① 휴대폰 문자로 알려 주기도 한다던데?

② 넌 성큼성큼 게시판 있는 곳으로 인파를 뚫고 들어가더라.

③ 그래도 그때가 좋았어, 응? 정감 있었잖아.

④ 그래서 나는 이렇게 감히 말하고 싶어.

2 下記の表現を韓国語にしよう。

⑤ ウンジンちのお姉さん、大学の試験受けたじゃない。どうなったの？

은지네 언니 대학 시험 (　　　　　　　　). 어떻게 됐니?

⑥ 私は歩き出せもしなかったのに。

그냥 나는 발걸음도 (　　　　　　　　).

⑦ 張り紙が来る時までじりじり気をもみながら待たなくてもいいし。

벽보가 도착할 때까지 (　　　　　　　　　　) 기다리지 않아도 되고.

3 下記の表現を発音変化に気を付けて発音と意味を書こう。

	発　音	意　味
⑧ 신령님		
⑨ 눈요기		
⑩ 가득가득하다		

第 ⑧ 話

화성 남자, 금성 여자

火星の男、金星の女

나오는 사람들

보람 할머니, 보람 아빠, 보람 엄마, 보람

재동 아빠, 재동 엄마, 재동

차 대리, 윤소라

第8話
화성 남자, 금성 여자

TR 43-49

TR 43-49

(TR 43) 보람이네에서

보아   여보, 시간 없어! 준비 다 안 됐어?

보엄   예, 지금 다 됐어요.

보아   다 됐어요, 다 됐어요, 아까부터 그랬잖아. 뭐가 그렇게 오래 걸려?
[그러케]
약속 시간 늦어!

보엄   아이 참, 다 됐다니까요!

보아   아, 정말 같이 외출하기 힘드네, 힘들어.
[가치]

보할   아이고, 애비야, 에미가 준비하는 데 오래 걸리냐?

보아   예, 어머니. 부부 동반 친구들 모임인데요, 지금 시간이 늦었는데 저러잖아요.
[느전는데]
아까부터 '다 됐다, 다 됐다!' 하면서요.

보할   그걸 왜 몰라? 여자가 '외출 준비 다 됐다' 그런 건 이제 화장하고 옷 고르고

머리만 하면 된다, 그 뜻이잖어. 으이그, 여자하고 그렇게 오래 살아도 그걸

몰라?

보아   아휴, 예, 맞습니다, 어머니. 여자하고 외출할 때는 그저 <u>세월아 네월아~</u>[01]

하고 기다릴 줄 알아야 하죠.
[기다릴 쭐]
아, 정말 여자 이해하기 힘드네요.

(TR 44) 재동이네에서

재엄   아우, 여보! 식사하란 소리 안 들려~?

火星の男、金星の女

[登場人物]
ポラムの祖母、ポラムの父、ポラムの母、ポラム
チェドンの父、チェドンの母、チェドン
チャ代理、ユン・ソラ

 ポラム家で

ポ　父　　ミギョン！　時間ないぞ！　準備まだできてない
　　　　　のか？

ポ　母　　うん、もうできたわ。

ポ　父　　もうできた、もうできた！　さっきからそう言って
　　　　　るじゃないか。何がそんなに長くかかるんだ？
　　　　　約束の時間に遅れるぞ！

ポ　母　　もう、本当に、準備できたってば！

ポ　父　　ああ、まったく一緒に外出するのは大変だよ、大変。

ポ祖母　　ヨンジン、ミギョンさんが準備するのに長くかか
　　　　　るのかい？

ポ　父　　うん、母さん。夫婦同伴の友達の集まりなんだけ
　　　　　ど、もう時間に遅れてるのに、あんなだからさ。
　　　　　さっきから「もうできた、もうできた」って言いながら。

ポ祖母　　それをなんで分からないのさ？　女の人が「出掛け
　　　　　る準備がもうできた」って言うのはこれから化粧し
　　　　　て、服を選んで、髪の毛だけすればいい、って意味
　　　　　じゃないの。やれやれ、女の人とそんなに長く暮
　　　　　らしても、それを分からないの？

ポ　父　　ああ、そうだね、母さん。女の人と出掛けるときは、
　　　　　ただ時間が過ぎゆくのを待てないと駄目だね。

　　　　　ああ、本当に女の人は理解するのに苦労するね。

 チェドン家で

チェ母　　もう、あなた！　食事してっていう声が聞こえないの？

01 세월아 네월아~：数詞の
「셋」「넷」に掛けた漫然と
時を過ごすときに使うしゃ
れ。「세월」は歳月、「네월」
という言葉はない

재아　응? 응. 알았어 알았어.

재엄　아휴, 아휴. 식사해요! 찌개 식어요!

재아　아휴, 아이 알았다니까! 먼저 식사하고 있어. 나 요것만 빨리 보고 갈게.
　　　　　　　　　　　　　　　　　　[요건만]　　　　　　　　[갈께]

재동　아빠, 식사하고 보세요~!

재아　아이고, 알았다니까. <u>가만있어 봐</u>[02].

재엄　가만있어 봐? 아휴, 정말 이해할 수가 없어!
　　　　　　　　　　　　　[이해할 쑤]
　　　 리모컨을 손에 들고 소파에 딱 달라붙어 있네? 소파와 일심동체다, 일심동체.
　　　　　　　　　　　　　　　　　　　[인네]　　　　　　　[일씸]
　　　 얘, 얘, 얘, 얘, 얘, 재동아. 니네 아빠 왜 저러냐?

　　　 회사에서 집에 오면 그냥 소파에 딱 달라붙어서는 텔레비전 리모컨만 찾고.

　　　 정말 이해할 수가 없다, 내가.

재동　엄마, 남자는요, 집에 오면 쉬고 싶은 거예요.
　　　　　 [남자는뇨]

재엄　뭐? 어머머머, 참, 나.

재동　만화책에서 본 건데요, 사회는 사냥터랑 같대요.

　　　 그래서 하루 종일 사냥하다가 돌아오면 지쳐서 쉬고 싶은 거래요.

재엄　어이구. <u>아무리 그래도 그렇지</u>[03]. 리모컨을 목에다 걸어 주던지 해야겠다,
　　　　　　　　　　　 [그러치]
　　　 얘. 아니지, 아니지, 아니지. 아주 소파에 니네 아빠를 <u>딱풀</u>[04]로, 딱 붙여 놔
　　　　　　　　　　　　　　　　　　　　　　　　　　 [부처]
　　　 야겠다.

　　　 아유, 왜 저래?

재동　아유, 엄마~.

ⓣⓡ45 식당 분위기

보람,
보엄아　아이고, 잘 먹었습니다! 맛있게 먹었습니다.

チェ父	うん? うん。分かった、分かった。
チェ母	もう。ご飯食べてよ！　チゲが冷めるわ！
チェ父	分かったって！　先に食べてて。これだけ早く見て行くから。
チェドン	お父さん、食事してから見てえ！
チェ父	ああ、分かってるって。黙ってろって。
チェ母	黙ってろ?　本当に理解できない！

リモコンを手に持って、ソファにべったりへばりついてるわね。ソファと一心同体だわ、一心同体。
ねえ、ねえ、チェドン。おまえのお父さん、どうしてああなの?
会社から家に帰ってきたら、そのままソファにべったりへばりついては、テレビのリモコンばっかり探して。本当に理解できない、私は。

チェドン	お母さん、男はね、家に帰ってきたら休みたいんだよ。
チェ母	何?　おやおや、まったく、もう。
チェドン	漫画の本で見たんだけど、社会は狩猟場みたいなんだって。 それで一日中狩りをして帰ってきたら、くたびれて休みたいもんなんだって。
チェ母	やれやれ。だからってあんまりだわ。リモコンを首に掛けるとかしなくちゃ。違うわ、違うわ、違うわ。完全にソファにおまえの父さんをのりでぴったり張り付けておかなきゃ。

ああ、なんであああなの?

チェドン	ああ、お母さん。

 食堂の雰囲気

ポラム、 ポ母父	ごちそうさまでした！　おいしくいただきました。

02 가만있다 : 黙っている、じっとしている

03 아무리 그래도 그렇지 : いくらそう言ってもそうだろう。ここでは「だからってあんまりだ」とした

04 딱풀 : スティックのりの商品名。ここでは「のり」とした

보할   나도 잘 먹었어요, 재동이 아버지.

재아   아이고, 아이고 예. 아이고 저 대접이 너무 시원찮았던 거 아닌지 모르겠어요.

재엄   아우 이 사람이요, 그냥, 벌써부터 보람이네한테 한번 근사하게[05]사고 싶다,

     사고 싶다 별렀거든요.[06]
        [별럳꺼든뇨]

보아   아유 아이, 근데 저 밥을 사려면 우리가 사야지 왜 재동 아빠가 삽니까?

재아   우리가 저, 보람이네 덕을 얼마나 많이 보고 살아요[07]?

보아   덕은요, 무슨.

재아   우리 재동 엄마 가게도 그냥, 툭하면은[08] 보람 엄마한테 부탁하고···. 그러니
        [투카며는]   [부타카고]
     까 당연히 제가 사 드려야죠.

재동   아빠, 후식 먹어도 돼요?

재아   아 당연하지! 보람이도 뭐 좀 더 시켜서 먹어.

재동   야 보람아, 너도 아이스크림 먹을 거지?
                        [머글 꺼지]

보람   어. 그럼 난 초코 아이스크림으로 시켜 줘, 오빠.

재동   알았어. 여기요! 여기 초코 아이스크림 두 개 주세요!

종업원   예, 알겠습니다.

재아   아이 참, 아니, 근데 저, 보람 아버지 어디 가셨어요? 어디 가셨지?

보엄   이이가 어딜 갔지? 화장실에 간 모양인데···.

재아   가만있어 봐. 어딜 갔나?
              [간나]
보엄   어머, 아이고, 저 사람···.

재아   아, 아이구, 저, 보람 아버지가 계산[09]을 하고 계시네? 이럼 안 되지!

     보람 아버지! 아이고 왜 계산을 하세요? 계산은 제가 해야지.

재엄   아유 아유, 저희가 산다고 했는데 왜 계산을···.

ポ祖母	私もごちそうさま、チェドン君のお父さん。
チェ父	おもてなしがあまりぱっとしなかったんじゃないですかね。
チェ母	この人がね、前から、ポラムちゃんの家に、一度きちんとごちそうしたい、ごちそうしたいって意気込んでたんですよ。
ポ父	いや、ご飯をごちそうするなら、僕たちがごちそうしなきゃ、どうしてチェドン君のお父さんがごちそうするんですか？
チェ父	僕たちがユン家に、どれだけたくさんお世話になってるんですか？
ポ父	お世話だなんて。
チェ父	うちのソンエの店も何かというとポラムちゃんのお母さんに頼んで…。だから当然僕がごちそうしませんと。
チェドン	お父さん、デザート食べてもいい？
チェ父	もちろん！ ポラムちゃんも、何かもうちょっと注文して食べて。
チェドン	ポラムちゃん、ポラムちゃんもアイスクリーム食べるだろ？
ポラム	それじゃ私はチョコアイスクリームを頼んで、チェドン兄ちゃん。
チェドン	分かった。すみません！ ここにチョコアイスクリーム二つ下さい！
従業員	はい、かしこまりました。
チェ父	ああ、いや、ところで、ポラムちゃんのお父さん、どっか行きました？ どこに行ったんだろ？
ポ母	あの人どこに行ったのかしら？ トイレに行ったようだけど…。
チェ父	ちょっと待てよ。どこに行ったかな？
ポ母	まあ、ああ、あの人…。
チェ父	あ、いや、ポラムちゃんのお父さんが会計をしてるね？ それは駄目だよ！ ポラムちゃんのお父さん！ なんで会計をするんですか？ 会計は僕がしないと。
チェ母	いや、私たちがごちそうするって言ったのに、どう

05 근사하다 (近似--)：すてきだ、立派だ
06 벼르다：決心する、もくろむ、意気込む

07 덕을 보다 (德- --)：恩恵を被る、恵みを受ける、お世話になる

08 툭하면：ちょっとしたことで、ともすると

09 계산：計算、会計、勘定

보할　아무튼 지갑 꺼내는 동작 하난[10] 빠르다, 아이고 참.
　　　[동자 카난]

보엄　정말 못 말려, 못 말려…[11].
　　　[몬 말려]

(TR 46) 가벼운 부부 다툼

보엄　아니, 당신이 무슨 서부의 총잡이[12]나 돼요?

　　　왜 갑자기 뛰어나가 지갑을 꺼내요, 꺼내긴[13]?

보아　아, 누가 내면 뭐, 어때? 저녁 한 끼 내가 대접할 수도 있는 거지, 사람이[14]….
　　　　　　　　　　　　　　　　　　　　　[대저팔 쑤]　　 [인는]

보엄　저녁 한 끼 대접한 걸 갖구[15] 그러는 게 아니잖아요, 지금!

　　　오늘은 재동이네 아빠가 우리를 초대한 자리였다구요. 아, 저녁 사 준다고

　　　해서 우리가 그 초대에 응한 거라구요. 그런데 당신이 서둘러 나가서 후딱

　　　계산해 버리면, 우리를 초대한 사람이 뭐가 돼요?

보아　아, 참나.

보엄　그리구 잘 먹었다고 인사까지 한 우리는 또 뭐가 되냐구요?

보아　아니 그런 거 저런 거 따질[16] 거 뭐 있어. 이웃사촌[17]인데 내가 내면 뭐, 어떻
　　　　　　　　　　　　　　　　　　　　　　　　　　　　　[어떠
　　　고 그쪽이 내면 또 어때?
　　　코]

보엄　참, 식사값 먼저 낸다고 서둘러 나가서 지갑을 무슨 총잡이처럼 꺼내는 남
　　　　　[식쌀깜 먼저]
　　　자들, 나 진짜 이해할 수 없어.

보아　아이, 그럼 여자들은 왜 남자들하고 밥 먹고 나면 출입구에 멍하니[18] 서 있
　　　　　　　　　　　　　　　　　　　　　　　[밤 먹꼬]
　　　나? 어, 난 그것도 이해 못 하겠더라고.
　　　　　　　　[모 타겔떠라고]

보엄　아이구, 그리구 남자들은 저녁 먹으면서 할 말[19]이 그렇게 없어요? 기껏[20]
　　　　　　　　　　　　　　[저녕 머그면서]　　　　　　　　　　[기꺼
　　　해 봐야 '맥주 더 하실래요?', '이 집 음식 맛이 좋죠?', '거, 거 소금 좀 줘 봐.'
　　　태]　　　　　　　　　　　　　　　　　　　　　　　　　　　　[조초]

して会計を…。

ポ祖母 とにかく財布取り出す動作一つは速いね、やれやれ。

ポ 母 本当にあきれるわ…。

 ## 軽い夫婦げんか

ポ 母 いや、あなたが西部のガンマンだとでもいうの？

どうして急に飛び出して、財布を取り出したりするのよ。

ポ 父 あ、誰が出してもいいじゃないか？　夕飯一回を俺がもてなしたっていいんだよ、なんでそんなこと言うんだ。

ポ 母 今夕飯をもてなしたことを言っているんじゃないじゃない！
今日はチェドン君のお父さんが、私たちを招待した席だったんだってば。夕飯ごちそうしてくれるって言うので、私たちがその招待に応じたのよ。なのに、あなたが急いで行って、さっさと会計しちゃったら、私たちを招待した人はどうなるの？

ポ 父 あ、いや。

ポ 母 それに、ごちそうさまでしたってあいさつまでした私たちはまたどうなるのよ？

ポ 父 いや、あれこれ気にすることないじゃないか。近所の親しい仲なのに、俺が出してもいいし、あっちが出してもいいんだよ。

ポ 母 もう、食事代を先に出そうって急いで出ていって、財布をガンマンみたいに取り出す男の人たち、私本当に理解できないわ。

ポ 父 それじゃ女の人たちはなんで男の人たちと食事したら、出入り口でぽけっと突っ立ってるんだ？　俺はそれも理解できないよ。

ポ 母 まあ、それに男の人たちは夕飯を食べながら、話すことがそんなにないの？　せいぜい話しても「ビールもっと飲みますか？」「この店の料理、おいしいで

[10] 하난：「하나는」のこと

[11] 못 말리다：止められない、やめさせられない。ここでは「あきれるわ」とした

[12] 총잡이 (銃--)：銃を持つ人、ガンマン

[13] 꺼내요, 꺼내긴：「꺼내긴 왜 꺼내요 (なんだって取り出すのか)」のこと。ここでは「取り出したりするのよ」とした

[14] 사람이：「사람이 왜 그래」のこと。ここでは「なんでそんなこと言うんだ」とした

[15] 갖다：「가지다」の縮約形。「(~을/를) 갖고」の形で、~のことで、~を巡って

[16] 따지다：明らかにする、問いただす。ここでは「気にする」とした

[17] 이웃사촌 (--四寸)：近所の親しい人、隣近所

[18] 멍하니：ぽかんと、ぼうぜんと

[19] 할 말：言うべきこと、文句、相談すべきこと

[20] 기껏：たかが、せいぜい

아이구, 아이구. 대화 빈곤에 화젯거리 없구, 얘깃거리 부족하구.
[부조카고]

보아 아이고, 그러는 여자는 하루 종일 전화해 놓고 또 만나서는 전화한 얘기 또
[노코]　　　　　　　　　　　　[저놔한 내기]

하고 또 하고.

그건 어떻게 이해해야 하는 건데?
[어떠케]

어, 그리고, 화장실 가는데 왜 꼭 같이 가?

난 정말 이해할 수가 없더라구.

보엄 화장실 갈 때 같이 가면 얼마나 좋은데요.

얘기도 하고 심심하지도 않고, 화장품도 빌려 쓰고.
[안코]

보아 아니, 화장실은 생리적인 장소야. 사회적인 장소가 아니라구!
[생니저긴]

보엄 화장실을 사회적인 용도로 사용할 수 있다면 더 좋지, 뭐.
[사회저긴 용도]

그게 왜 나빠요?

보아 아이, 하여튼 여자들은 정말 알 수가 없어!

보엄 아, 정말 남자들 이해 못 해요.
[정말 람자들]

(TR 47) 재동이네에서

재아 아 여보, 양말 좀 내 줘.

재엄 아니, 어떻게 서랍 속에 있는 양말 하나를 제대로 못 찾냐? 당신은. 응?
[찬냐]

재동 엄마, 물 좀 주세요!

재엄 어휴, 전재동! 너는 냉장고 안에 있는 물병[21] 하날 못 찾아?
[물뼝]

왜 이렇게 찾아내라는 게 많아, 남자들?
[이러케]

재아 아이구, 이해해 줘~ 응? 남자들 조상이 원래 들판 그 지평선에서 소 떼를 찾
[월래]

아내던 원시인 출신이었잖아, 응?
[출씨니얻짜나]

しょ?」「そこ、そこの、塩ちょっと取って」。いやあ。
会話が乏しくて話の種がなくて、話題不足で。

ポ　父　そういう女は一日中電話しといて、また会った時
　　　　に電話の話をまたして、それでまたして…。

　　　　それはどうやって理解すればいいんだ?

　　　　いやそれと、トイレ行くのになんで決まって一緒
　　　　に行くんだ?
　　　　俺は本当に理解できないよ。

ポ　母　トイレ行くときに一緒に行ったらどんなに良いか。

　　　　お話しして退屈もしないし、化粧品も借りて使っ
　　　　たり。
ポ　父　いや、トイレは生理的な場所だよ。社会的な場所
　　　　じゃないんだってば!
ポ　母　トイレを社会的な用途で使えたらもっと良いじゃ
　　　　ない。
　　　　それがどうして悪いの?

ポ　父　とにかく女の人たちは本当に分からない!

ポ　母　本当に男の人は理解できないわ!

チョドン家で

チェ父　ソンエ、靴下ちょっと出してくれ。

チェ母　いや、なんで引き出しの中にある靴下一つを、まと
　　　　もに探せないの?　あなたは。
チェドン　お母さん、お水ちょうだい!

チェ母　ちょっと、チェドン!　おまえは冷蔵庫の中にある
　　　　水差し一つを探せないの?
　　　　どうしてこんなに探し出せってものが多いの、男
　　　　たち?
チェ父　ああ、理解してよ。男の先祖はもともと野原の、そ
　　　　の地平線で、牛の群れを探してた原始人出身だっ
　　　　たじゃないか。

21 물병 (-瓶)：水差し

우리가 또 가까이 있는 거는 볼 줄을 모른다구.

재엄   어이구, 어이구, 어이구, 핑계는. 정말 남자들 이해 못 해!

(TR 48) **회사 휴게실. 음료수 마시며**

차 대리[22] 그거야 당연한 거죠. 여자 남자가 서로 어떻게 이해해요? 남자는 화성에서

오고, 여자는 금성에서 왔다. 그렇게 서로 다른 별에서 왔는데 어떻게 서로

를 알 수 있나? 그런 책도 못 읽어 보셨습니까, 부장님?

[인나]   [몬 닐거]

보아   아니, 누구나 다들 그렇게 서로 이해 못 하면서 사는 건가?

윤소라   그럼요, 부장님. 사랑을 하는 데에도 여자와 남자는 아주아주 차이가 많아

[그럼뇨]

요. 남자는 자기 여자가 될 때까지 잘해 주고, 여자는 자기 남자가 된 후부

터 잘해 주고.

차 대리   여자는 무드에 약한데, 남자는 누드에 약하죠, 누드…. 헤헤.

[야칸데]

윤소라   아휴, 아휴, 그러니까요, 부장님! 여자에 대해 너무 많이 알려고 들지 마세요[23].

머리만 아파요.

차 대리   맞아요, 부장님. 그냥 아, 나와 다른 별에서 왔구나. 그렇게 인정해 버리세요.

보아   그래, 그래.

차 대리   그럼 편해요.

보아   아휴, 그래야겠다.

(TR 49) **차 마시며**

보할   맛있구나, 이거. 아유, 그래. 남자를 다 어떻게 이해해? 남자도 마찬가지지.

여자를 알 수가 없을 거야.

俺たちはいざそばにある物は見えないんだよ。

チェ母　まあ、言い訳して。本当に男は理解できないわ！

 会社の休憩室。飲み物を飲みながら

チャ係長　そりゃ当たり前ですよ。女、男がお互いにどうやって理解するんですか？　男は火星から来て、女は金星から来た。そうやってお互いに違う星から来たのに、どうやってお互いが分かるのか？　そんな本も読んだことないのですか、部長？

[22] 대리（代理）：課長代理のこと。ここでは「係長」とした

ポ　父　誰もがみんなそうやって、お互い理解できないまま生活してるのか？

ユン・ソラ　そうですよ、部長。愛し方も女と男ではすごく違うんです。男は自分の女になるまで優しくして、女は自分の男になってから優しくする。

チャ係長　女はムードに弱くて、男はヌードに弱いんです、ヌードに…。へへ。

ユン・ソラ　ああ、だからですね部長、女について、あまり多く知ろうとしないでください。
　　　　　　頭が痛いだけです。

[23] -(으)려고 들다：～しようとする

チャ係長　そうです、部長。もう、自分と違う星から来たんだなあ、そう認めてしまってください。

ポ　父　そうだな。

チャ係長　そうしたら楽ですよ。

ポ　父　ああ、そうしなきゃな。

 お茶を飲みながら

ポ祖母　おいしいわね、これ。ああ、そうだよ。男を完全にどうやって理解するのよ？　男も同じよ。女が分からないわ。

그래서 그런 말을 하잖니. 여자는 현미경으로 들여다보고, 남자는 망원경으로 들여다봐야 한다구….

보엄   음, 그러니까 남자는 좀 멀찍이[24] 내버려 두라는 얘기죠, 어머니?

보할   그럼. 여자는 자세히 들여다봐 줘야 하고, 남자는 좀 내버려 둬야 한다는 뜻이지.

보엄   정말 그런 거 같애요. 서로 욕구 자체가 다른 거 같애요.

음, 여자가 받으려고 하는 건, 관심, 이해, 존중…, 뭐, 이런 건데 남자는 그냥 자기를 무조건[25] 믿어 주는 신뢰와 인정, 그리고 감사, 이런 데 집착하는
[무조껀]   [실뢰]   [집차카는]
거 같애요.

보할   그래. 이렇게 서로에 대해서 포기할 건 포기하고 인정할 건 인정하면 쉬워요. 너무 알려고 들 거 읎어[26].

보엄   어휴, 인수분해보다 어려운 남자들!

저 이제 남자를 아는 건 포기했어요, 어머니.

보할   그래. '이해하는 것보다 사랑하는 게 낫다!'

아, 오죽하면[27] 이런 말을 강조하겠냐.
[오주카면]   [강조하겐냐]

だからこんなふうに言うじゃないか。女は顕微鏡
で見て、男は望遠鏡で見なければならないって…。

ポ　母　だから男は少し離れて放っておけっていう話です
ね、お義母さん?

ポ祖母　そうよ。女は細かく見てあげないといけないし、男
は少しほったらかしておかないといけないという
意味よ。

ポ　母　本当にそうみたいです。お互いに欲求自体が違う
みたいです。
女が受けたいのは、関心、理解、尊重…、こんな
ものだけど、男はただ自分を無条件に信じてくれ
る信頼と認めてくれること、そして感謝、こんなと
ころに執着するみたいです。

ポ祖母　そうよ。そうやってお互いに対して諦めるところ
は諦めて、認めるところは認めれば事ないのよ。
あんまり分かろうとする必要ないわよ。

ポ　母　ああ、因数分解より難しい男!

私もう男の人を知ろうとするのは諦めました、お
義母さん。

ポ祖母　そうよ。「理解するより愛する方がましだ!」

よっぽどだから、こんな言葉が強調されるのよ。

24 멀찍이：遠目に、やや遠く

25 무조건：無条件 (に)、絶対
(に)、とにかく

26 읎다：「없다」の方言

27 오죽하면：どれほどの事情
があれば、どれほど切羽詰
まっていれば

第8話 チェック問題 (解答はP.159)

1　日本語に訳してみよう。

① 여자하고 외출할 때는 그저 세월아 네월아~ 하고 기다릴 줄 알아야 하죠.

② 근사하게 사고 싶다, 사고 싶다 별렀거든요.

③ 당신이 무슨 서부의 총잡이나 돼요?

④ 그러니까 남자는 좀 멀찍이 내버려 두라는 얘기죠, 어머니?

2　下記の表現を韓国語にしよう。

⑤ ソファと一心同体だわ、一心同体。

　　소파와 (　　　　　　　　　)다, (　　　　　　　　　).

⑥ おもてなしがあまりぱっとしなかったんじゃないですかね。

　　대접이 너무 (　　　　　　　　　　　　) 모르겠어요.

⑦ せいぜい話しても「ビールもっと飲みますか?」

　　(　　　　　　　　　　　) '맥주 더 하실래요?'

3　下記の表現を発音変化に気を付けて発音と意味を書こう。

	発　音	意　味
⑧ 요것만		
⑨ 무조건		
⑩ 신뢰		

第 ⑨ 話

떡국처럼 사는 법

雑煮のように暮らす方法

나오는 사람들

보람 할머니, 보람 아빠, 보람 엄마, 보람

재동 아빠, 재동 엄마, 재동

성희, 영순, 유 서방

第９話
떡국처럼 사는 법

TR
50-55

(TR 50) 초록마을에서

재엄 아니, 근데 무슨 음식을 그렇게 많이 준비해?
[그러케]

보엄 뭐, 별로 하는 것도 없어요. 떡국하고 산적하고 나물 종류 몇 가지, 뭐 그렇
[떡꾸카고] [산저카고] [종뉴]
게 하려구요. 잡채 조금 하구요.

재엄 난 그냥 떡국이나 해서 나눠 먹으려구[01].

보엄 그럼 됐죠, 뭐.

재엄 그나저나 우리가 또 한 살을 먹고 마네.

보엄 그러게요.

재엄 아휴.

보엄 어젯밤에는 누워서 이 생각 저 생각[02] 떠올려 보는데, 순간순간 내가 자라서

여기까지 온 기억들이 단편적으로 떠오르는 거 있죠?

재엄 어느 순간[03] 부모가 되고, 어느 순간 몇 개 되지 않던 흰머리가 검은 머리보
[안턴]
다 많아지고, 어느 순간 틀니를 끼게 되고….
[틀리]
뭐, 다 뭐, 갑자기, 갑자기 나이 먹어 가는 거 아니겠어? 에그, 서러워라….

보엄 설날을 '왜 설날이라고 하느냐?' 찾아봤더니요, 뭐, '서러워서 설[04]'이라는 말
[설라를]
도 있더라구요.

음…. 차례[05] 지내면서 돌아가신 부모님 생각이 간절해서 서럽고, 별로 해

놓은 일도 없이 나이를 또 한 살 먹게 돼서 서럽고…. 그래서 '설'이라고요.
[노은 닐]
재엄 아이, 그래?

雑煮のように暮らす方法

[登場人物]
ボラムの祖母、ボラムの父、ボラムの母、ボラム
チェドンの父、チェドンの母、チェドン
ソンヒ、ヨンスン、インチョル

 みどり村で

チェ母　ていうか、何をそんなにたくさん料理を準備するの?

ポ　母　別に大して作る物もないわよ。雑煮と串焼きとナ
　　　　ムルの類いをいくつか、それくらい作ろうと思って。
　　　　チャプチェも少しね。

チェ母　私はもう雑煮でも作って、みんなで食べようかなって。

ポ　母　それで十分よ。

チェ母　それはそうと私たち、また一つ年を取ってしまうわね。

ポ　母　本当よね。

チェ母　ふう。

ポ　母　昨日の夜は横になってあれこれ思い浮かべてみた
　　　　んだけど、瞬間、瞬間、自分が成長してここまで来
　　　　た思い出が、断片的に浮かんできてね。

チェ母　いつの間にか親になって、いつの間にかちょっと
　　　　しかなかった白髪が黒い髪より多くなって、いつ
　　　　の間にか入れ歯をするようになって…。

　　　　急に年を取っていくんじゃない?　ああ、悲しい…。

ポ　母　ソルナル (元旦) を「なぜソルナルと言うのか?」調
　　　　べてみたんだけどね、「悲しいからソル」っていう説
　　　　もあったのよね。

　　　　うん、茶礼をしながら、死んだ両親への思いが切
　　　　なくて悲しいのと、大して何もしてないのに、年
　　　　をまた一つ取るのが悲しいのと…。だから「ソル」
　　　　だって。

チェ母　まあ、そうなの?

---

01 **떡국을 먹다**: 떡국 (雑煮)
は正月に食べる代表的な食
べ物であるため、数え年 (元
日にみんな1歳年を取る) が
一般的な韓国では、「떡국을
먹다」に「年を一つ取る」と
いう意味がある

02 **이 생각 저 생각**: この考え、
あの考え。ここでは「あれ
これ」とした

03 **어느 순간**: ある瞬間。ここ
では「いつの間にか」とした

04 **설**:「섧다 (悲しい)」という
語から連想して。発音は[설
따]

05 **차례**: 茶礼。1日、15日、民
俗的な節日および祖先の
誕生日に行う祭祀 (さいし)

보엄   네.

재엄   난 또, '나이가 몇 살' 할 때 '살'에서 온 말인 줄 알았지, 뭐.

보엄   어쩌면, 그게 더 맞는 말인지도 모르겠어요.
                              [만는]
재엄   설날은 그러니까, 나이를 먹는 날, 그래서 서러운 날이구만?
                                    [멍는]
보엄   맞아요, <u>그런 셈</u>⁰⁶이에요.

재엄   떡국은 맛있는데, 나이를 먹는 건 서럽네, 응.
            [마신는데]   [서럼네]
보엄   그러게요.

(TR 51) 할머니가 보람 숙제를 도와주면서

보람   할머니!

보할   응.

보람   설 풍습 중에서 특별한 거, 기억나는 거 있으세요?
                            [기엉나는]
보할   숙제하는구나?

보람   히힛, 네, 할머니.

보할   아, 뭐, 여러 가지가 있겠지만, 할머니는 이 풍습이 가장 기억에 남아요. 거

        옛날 남쪽 지방에서는 그 <u>섣달그믐날</u>⁰⁷ 작은 <u>세배</u>⁰⁸라는 게 있었는데.
        [옌날 람쪽 찌방]   [이썬는데]
보람   네.

보할   그때 작은 세배를 가면은 어른들이 <u>바가지</u>⁰⁹ 하나씩을 줬어.

보람   바가지요?

보할   그래. 응, 지난해에 <u>섭섭했던</u>¹⁰ 것, 원망했던 것, 또 불화했던 것….
                        [섭써팯떤]
        그 모든 것을 바가지에 태워 강물에 띄워 보내고, 새로운 마음으로 새해를

        맞으라는 바가지였어요.

ポ 母	ええ。
チェ母	私はまた「年が何歳」っていうときの、「歳」から来た言葉だと思ってたわ。
ポ 母	もしかしたら、そっちの方が合ってるかもしれないわね。
チェ母	元旦はだから、年を取る日、だから悲しい日なのね?
ポ 母	そうね、そういうことね。
チェ母	雑煮はおいしいけど、年を取るのは悲しいわね、うん。
ポ 母	本当ね。

06 -(으)ㄴ 셈:～というわけだ、～も同然だ

 祖母がポラムの宿題を手伝って

ポラム	おばあちゃん!
ポ祖母	うん。
ポラム	お正月の風習の中で、特別なもの、思い出すものってある?
ポ祖母	宿題してるんだね?
ポラム	へへ、うん、おばあちゃん。
ポ祖母	ああ、いろいろあるけど、おばあちゃんはこの風習が一番記憶に残ってるなあ。昔、南の方の地方では、その、大みそかに小さな年始回りというのがあったんだけど。
ポラム	うん。
ポ祖母	その時、小さな年始回りに行くと、大人たちがパガジを一つずつくれたんだよ。
ポラム	パガジ?
ポ祖母	そう。うん、前の年に、寂しかったこと、恨めしかったこと、また仲たがいしたこと…。 そういうの全部をパガジに乗せて、川の水に浮かべて流して、新しい気持ちで新年を迎えなさいというパガジだったのさ。

07 섣달그믐날:陰暦の12月のみそかの日。大みそか
08 세배 (歳拝):新年のあいさつ、年始回り
09 바가지:ヒョウタンを二つに割って、中をくり抜き乾かした、水などをくむ容器。ここでは「パガジ」とした
10 섭섭하다:残念だ、恨めしい

보람 와, 멋지다!

보할 자, 그러니까 보람이도 작년에 친구와 안 좋은 일이 있었다면, 이치¹¹나 사
       [장녀네]
리¹² 따지지¹³ 말고, 응… 잘잘못도 따지지 말고, 다 그냥 풀어 버려야 돼. 안
좋은 일은 물에 흘려 보내고 순수한 새해에 첫발을 내디뎠던 선조들의 새해
                                              [첟빠를 래디뎓떤]
맞이처럼 말이다.

보람 네, 할머니.

보엄 어머니.

보할 응.

보엄 가래떡¹⁴ 왔는데 좀 봐 주세요.

보할 아유, 그래?

(TR 52) 음식 준비하는

보할 얘, 그 저 소고기 말이야, 잘게¹⁵ 썰어서 참기름하고 간장, 거 다진 마늘하고
다진 파 좀 넣어서 조물조물¹⁶ 무쳐 놓으렴¹⁷.

보엄 예, 어머니.

보람 할머니, 달걀지단¹⁸ 제가 할까요?

보할 아이구, 달걀지단은 어려워. 우리 보람이 김을 좀 가위로 잘라라.

보람 네.

보할 얘, 에미야. 그, 저, 떡국 말이야, 너무 끓이면 떡이 풀어지고 국물이 탁해진
       [떡꿍 마리야]   [궁무리] [타캐진
다, 응? 그 저 육수 위로 떠오르면 바로 불을 끄고 국간장¹⁹으로 간을 맞추
다]   [맏추
도록 해.
도로 캐]

보엄 예. 알았어요, 어머니.

| ポラム | わあ、すてき！ |

| ポ祖母 | だからポラムも、昨年、友達と良くないことがあったんだったら、道理とか筋道は考えないで、うん…、善しあしも考えないで、全部そのまま晴らしてしまわなくちゃ駄目だよ。良くないことは水に流して、清い新年に第一歩を踏み出した先祖たちの年越しのようにね。 |

¹¹ **이치** (理致)：道理、道にかなった趣旨
¹² **사리** (事理)：ものごとの道理、筋道
¹³ **따지다**：明らかにする、問いただす。ここでは「考えないで」とした

| ポラム | うん、おばあちゃん。 |

| ポ 母 | お義母さん。 |

| ポ祖母 | うん。 |

| ポ 母 | カレ餅が来たんですけど、ちょっと見てください。 |

¹⁴ **가래떡**：白い棒状の餅。ここでは「カレ餅」とした

| ポ祖母 | ああ、そうかい？ |

 食べ物の準備をしている

| ポ祖母 | ちょっと、その牛肉だけど、細く切ってごま油としょうゆ、その、刻みニンニクと刻みネギをちょっと入れて、よく混ぜてあえておいて。 |

¹⁵ **잘다**：細かい、細い

¹⁶ **조물조물**：よく混ぜたり、触ったりする様子
¹⁷ **-(으)렴**：한다体の命令形。〜しなさい、〜した方がいい
¹⁸ **달걀지단**：卵を白身と黄身に分けて、薄く焼いて千切りにした飾り。ここでは「錦糸卵」とした

| ポ 母 | はい、お義母さん。 |

| ポラム | おばあちゃん、錦糸卵、私が作ろうか？ |

| ポ祖母 | いやあ、錦糸卵は難しいよ。ポラムはのりをはさみで切って。 |
| ポラム | はい。 |

| ポ祖母 | ねえ、ミギョンさん。雑煮だけど、あまり煮込むと餅が溶けて、お汁が濁ってしまうわよ。スープの上に浮かんできたらすぐに火を止めて、薄口しょうゆで味加減をしてね。 |

¹⁹ **국간장** (--醬)：主に家庭で作っていたしょうゆで、朝鮮しょうゆとも言う。色が薄いのが特徴で、汁物に多く使ったことから「汁しょうゆ」と言う。ここでは「薄口しょうゆ」とした

| ポ 母 | はい。分かりました、お義母さん。 |

보아   야, 이 구수한 냄새! 어, 아휴, 배고프다. 어머니 떡국 다 안 됐어요?

보할   아이구, <u>다 돼 가요</u>[20].

보엄   여보.

보아   어.

보엄   아가씨하고 은비 아빠는 아직 안 오셨어요?

보아   어? 도착할 때 됐는데.
[도차칼]

(TR 53) **초인종 소리**

보할   아이고.

보아   어, 왔나 보다.
[완나]

보할   왔나 보다.

보엄   <u>호랑이도 제 말 하면 온다더니</u>[21].

       네~ 나가요~.

(TR 54) **떡국 먹는 재동이네, 성희**

재아   아휴, 이 떡국을 또 <u>먹고야 마는구나</u>[22].
[떡꾸글]

재엄   그러게. 정말 먹기 싫은데….

재동   왜요? 떡국 <u>맛있기만 한데</u>[23]?
[떡꾹 마싯끼마 난데]

성희   재동아, 넌 모른다.

       어른들이 왜 새해 첫날 떡국 먹는 걸 이리도 부담스러워하는가를….
[천날]

재엄   아휴, 그래. 성희 넌 특히 소화가 안 되겠다. 이제 <u>노처녀</u>[24]라는 소리도 <u>무색</u>
[트키]   [무새
<u>하다</u>[25], <u>아주</u>[26], 응?
카다]

ポ	父	やあ、この香ばしい香り！　ああ、おなかすいた。母さん、雑煮はまだできてないの？
ポ	祖母	ああ、もうすぐできるよ。

ポ	母	あなた。
ポ	父	うん。
ポ	母	ヨンスンさんとインチョル君はまだ来ないの？
ポ	父	あれ？　到着する頃になったんだけどな。

²⁰ **다 돼 가다**：全て完成しつつある。ここでは「もうすぐできる」とした

 呼び鈴の音

ポ	祖母	あら。
ポ	父	うん、来たみたいだ。
ポ	祖母	来たみたい。
ポ	母	うわさをすればなんとやらって言うけど。はいー出ますー。

²¹ **호랑이도 제 말 하면 온다**（虎狼-- - - -- --）：トラも自分の話をすればやって来る。ここでは「うわさをすればなんとやら」とした

 雑煮を食べるチェドン家、ソンヒ

チェ父	ああ、この雑煮をまた食べてしまうんだなあ。
チェ母	そうねえ。本当に食べたくないけど…。
チェドン	なんで？　お雑煮おいしいのに？
ソンヒ	チェドン、おまえには分からないんだよ。
チェ母	大人がなんで、新年の最初の日に雑煮を食べることを、こんなにも負担に思うのか…。そうよ。ソンヒ、おまえは特に消化できないでしょう。今やオールドミスって言われるのも面目ないほどよ、いやはや、うん？

²² **-고야 말다**：〜してしまう、〜してみせる

²³ **-기만 하다**：〜であるだけだ

²⁴ **노처녀**（老処女）：婚期を過ぎた女性、オールドミス

²⁵ **무색하다**（無色--）：面目ない、顔負けだ、あぜんとする

²⁶ **아주**：人の得意がる言動をあざける語。いやはや、ふん、なんだい

그냥 독신자라고 해야지, 뭐.

성희 새해 첫날부터 동생 가슴에 대못질[27]을 쾅쾅 해라, 아주.

재아 자자자자, 저 올해는 처제 꼭 시집가라고 우리 떡국에게 빌자.

재엄 좋아, 좋아.

성희 어흐! 떡국이 세로로 곤두서서[28] 가슴을 찌른다, 찔러. 아주!

재동 엄마, 떡국 한 그릇 더 주세요!

재아 야야야야 , 또 먹어? 이거 너무 과식하는 거 아니냐?
[과시카는]

재동 에이, 떡국을 더 먹어야 나이도 빨리 더 먹죠.

재엄 으이그. 나이 먹는 게 뭐가 좋다 그래?
[조타]

재동 나이 빨리 먹어야 어른이 빨리 되고, 그래야 결혼도 빨리 하고, 빨리 돈도

벌고, 아빠도 되고….

재아 아~, 아들아, 아들아. 니 그 무지갯빛 꿈에 찬물을 끼얹을 생각은 없다마는,
[끼언즐 쌩가근]

어른이 된다는 게, 그게 결코 행복한 것만은 아니라는 것도 좀 염두를 좀 해
[행보칸] [건마는]

다오[29].

재동 에이, 알아요. 그래도요, 전요, 아빠처럼 어른이 되고 싶어요. 엄마 떡국 많
[전뇨]

이 주세요!

재엄 알았어. 또 떡국 더 먹을 사람? 당신은?
[머글 싸람]

재아 아이 아이, 난 됐어, 됐어.

재엄 성희, 너는?

성희 내가 더 먹고 싶겠수[30]? 어?

재엄 우리 중에 재동이만 떡국이 반갑구나?

재아 아, 그리고 말야.

	単に独身って言わなくちゃね。
ソンヒ	新年初日から、妹の胸にガンガン釘を打ち付けるわね。
チェ父	さあさあさあさあさあさあ、今年はソンヒが必ず嫁に行けるようにと、俺たち雑煮に祈ろう。
チェ母	いいわね、いいわね。
ソンヒ	フーッ！ 雑煮が逆立って胸を突くわ、本当に！
チェドン	お母さん、雑煮もう1杯ちょうだい。
チェ父	おいおい、まだ食べるのか？ これはかなり食べ過ぎじゃないか？
チェドン	いや、雑煮をもっと食べないと、年も早く取らないでしょ。
チェ母	まあ、年を取るのが何がいいっていうの？
チェドン	年を早く取ったら早く大人になるし、そしたら結婚も早くして、早くお金も稼いで、お父さんにもなって…。
チェ父	あー、息子よ、息子。おまえの虹色の夢に水を差す考えはないが、大人になるということ、それが決して幸福なことばかりではないということも、ちょっと念頭に置いといておくれ。
チェドン	分かってるよ。でもね、僕はね、お父さんのように大人になりたいんだ。お母さん、雑煮いっぱい入れて！
チェ母	分かったわよ。他に雑煮をもっと食べる人？ あなたは？
チェ父	いやいや、俺は十分、十分。
チェ母	ソンヒ、おまえは？
ソンヒ	私がもっと食べたいと思う？ え？
チェ母	私たちの中でチェドンだけが雑煮がうれしいのね。
チェ父	あ、それとなあ。

27 -질：道具を持ってする仕事の意味をさらに加える接尾辞

28 곤두서다：逆立つ

29 해 다오：「해 달라」의하오体。～してくれ

30 -수：하오体の語尾。「-소」のこと。～します、～です

재동   엄마, 많이요!

재엄   어, 알았어, 알았어.

재아   아~, 이 떡국 한 그릇 더 달라고 하면은 아직 '어린애'고, 떡국을 한 그릇 그
냥, 뚝딱[31] 먹어 치우면 '청년', 떡국이 어쩐지 먹기 싫어지면 그때는 '중년',
떡국 먹으면은 나이 먹는 게 싫어서 소화가 안 될 때는 이미 '장년'이라고 그
[떡꿍 머그며는]
러잖아.

성희   허? 그럼 난 뭐야? 소화가 안 되는데?

아 그럼 이미 장년?

재아   아이, 그, 미혼 여성으로는 이미 노년기 아닌가 처제?
[미혼 녀성]

성희   아, 그만 해요, 좀! 어휴!

(TR 55) **떡국 먹는 보람이네, 영순, 유 서방**

보람   음, 맛있다!

영순   역시 떡국은 우리 엄마 솜씨가 최고야.

보할   응? 아이고, 다른 건 최고 아니구?

모두   아유, 최고죠 최고! 에이그!

보할   그래? 아이, 그, 저, 내가 좀 그렇지.
[그러치]

영순   아휴, 우리 엄마 또 표정 관리[32] 안 되시고?
[괄리]

보람   아, 근데요, 왜 설날에는 떡국을 먹는 거예요?

유 서방   음, 떡이 동전처럼 동그래서 돈 많이 벌라고 떡국 먹는 게 아닐까?

보엄   한 해 동안 맑고 깨끗한 마음으로 살라고 하얀 떡국을 먹는 건지도 모르고.
[하 내 똥안]   [깨끄탄]

보할   그래.

チェドン	お母さん、いっぱいだよ！
チェ母	うん、分かった、分かった。
チェ父	雑煮をもう1杯欲しいと言えばまだ「子ども」で、雑煮を1杯ぺろっと平らげれば「青年」、雑煮がどういうわけか食べたくなくなったら、そのときは「中年」、雑煮を食べたら年を取るってのが嫌で消化ができないときは、すでに「老年」だというじゃないか。

³¹ 뚝딱：物事を一気に手際よくやり遂げる様子。ぺろっと、さっさと、てきぱきと

ソンヒ	へ？　じゃ、私は何？　消化できないんだけど…？
	じゃ、すでに老年？
チェ父	いや、その、未婚の女性としてはすでに老年期じゃないか、ソンヒ？
ソンヒ	あ、それくらいにしてよ、ちょっと！　フーッ！

 雑煮を食べるポラム家、ヨンスン、インチョル

ポラム	うん、おいしい！
ヨンスン	やっぱり雑煮はうちのお母さんの腕前が最高だわ。
ポ祖母	うん？　おや、他のは最高じゃなくて？
全　員	最高よ、最高！　ねえ！
ポ祖母	そう？　私がまあそうよね。
ヨンスン	ああ、お母さんはまた顔にすぐ出て。
ポラム	あ、でも、なんでお正月にはお雑煮を食べるの？
インチョル	うん、餅がコインみたいに丸いから、お金をたくさん稼ぐようにと雑煮を食べるんじゃないかな？
ポ　母	1年間、清くてきれいな心で暮らすようにと、白い雑煮を食べるのかもしれないし。
ポ祖母	そうね。

³² 표정 관리（表情 管理）：表情を管理し、気持ちを外に出さないこと。ここでは「표정 관리 안 되다」で「顔にすぐ出る」とした

154

보아   둥글고 밝게, 그리고 풍성하게 살라고 떡국을 먹는 거겠지.

보엄   어쨌거나, 따뜻하고 개운하고 촉촉하고 그렇잖아요.
            [따뜨타고]   [촉초카고] [그러차나요]
      1년을 그렇게 떡국처럼만 산다면 얼마나 좋겠어요.
      [일려늘]   [조케써요]

영순   어떻게 하면 그렇게 살 수가 있지?
      [어떠케]   [살 쑤]

보람   할머니가요, 남쪽 지방의 설 풍습을 알려 주셨는데요, 안 좋은 일은 술술 풀

      어서[33] 바가지에 담아 물에 흘려 보내라고 설 선물로 바가지를 주고받았대

      요. 저도 섭섭했던 친구가 있었는데 , 그냥 다 풀어 버리려구요.

유 서방   야~, 우리 보람이가 선생님이다, 어? 선생님!

보할   그래.

영순   아, 그나저나 이 떡국 다 먹으면 난 또 한 살 더 먹네.

보엄   아유, 아가씨는.

보할   아이고, 얘, 은비 에미야.

영순   네?

보할   아니 오빠도 있고… 이게 어디서 나이 타령[34]이야 ?

영순   아, 맞다.

보아   나도 먹고, 너도 먹고, 그 남자도, 그 여자도 누구나 다 먹는 나이! 기왕이면

      즐겁게 먹는 거지, 뭐. 떡국처럼 맛있게 먹어 버리는 거야, 어?!

보엄   그래요, 맛있게 먹어요!

보할   그래, 그 말도 맞구나.

ポ 父	丸く明るく、そして豊かに暮らすようにと雑煮を食べるんだろう。
ポ 母	どちらにしろ、温かくてあっさりして、しっとりしているじゃない。 1年をそんなふうに、雑煮のように暮らせれば、どんなにいいでしょうね。
ヨンスン	どうしたらそんなふうに暮らせるかしら？
ポラム	おばあちゃんが、南の方の地方のお正月の風習を教えてくれたんだけど、良くなかった出来事はさっと忘れてパガジに入れて水に流すようにって、お正月の贈り物としてパガジをプレゼントし合ったそう。私も残念に思ってる友達がいたんだけど、もうみんな忘れてしまおうと思って。
インチョル	やあ、うちのポラムは先生だ、ん？ 先生！
ポ祖母	そうだね。
ヨンスン	ああ、それにしても、この雑煮を食べたら、私はまた1歳、さらに年を取るのね。
ポ 母	まあ、ヨンスンさんたら。
ポ祖母	やれやれ、この子ったら、ヨンスン。
ヨンスン	えっ？
ポ祖母	いや、兄さんもいるのに…、何を年の不満を言ってるんだい？
ヨンスン	あ…。
ポ 父	私も取るし、あなたも取るし、あの男も、あの女も、誰もがみんな取る年！ どうせなら楽しく取るんだよ。雑煮のようにおいしく食べちゃうんだよ。
ポ 母	そうよ、おいしく食べましょ！
ポ祖母	そうね、その言葉も当たってるね。

33 술술 풀어서：するするとほどいて。ここでは「さっと忘れて」とした

34 타령：決まり文句、口癖。ここでは「타령이다」を「不満を言う」とした

第9話 チェック問題 (解答はP.159)

1 日本語に訳してみよう。

① 뭐, 별로 하는 것도 없어요. 떡국하고 산적하고 나물 종류 몇 가지.

② 섣달그믐날 작은 세배라는 게 있었는데.

③ 잘게 썰어서 참기름하고 간장, 거 다진 마늘하고 다진 파 좀 넣어서 조물조물 무쳐 놓으렴.

④ 꿈에 찬물을 끼얹을 생각은 없다만은.

2 下記の表現を韓国語にしよう。

⑤ 急に年を取っていくんじゃない？

갑자기 (   ) 거 아니겠어?

⑥ 道理とか筋道は考えないで、善しあしも考えないで、全部そのまま晴らしてしまわなくちゃ駄目だよ。

(   ) 다 그냥 풀어 버려야 돼.

⑦ うわさをすればなんとやらって言うけど。

(   ).

3 下記の表現を発音変化に気を付けて発音と意味を書こう。

	発　音	意　味
⑧ 틀니		
⑨ 작년		
⑩ 첫날		

チェック問題解答

※**1**の日本語訳は一例です

第1話 P.028

1

①引っ越しすれば、事がうまく運ぶという保障があるの?

②勉強できなかった息子の成績もぐんぐん上がってさあ。

③お義姉さんは気楽に暮らしてるから、そんなことを言うのよ。

④とにかくお母さんもお義姉さんも、生真面目なんだから。

2

⑤지푸라기라도 잡는

⑥날리가 났어요

⑦목수가 연장 탓을

3

⑧하다모태　せめて、どうにもならなければ

⑨일딴　一応、いったん、とりあえず

⑩쫄땅 망하다　完全に倒産する

第2話 P.044

1

①この近くで適当に軽く食べていくよ。

②ああ、このごろは夕食も、家族3人一緒に食べることが少ないのよ。

③連続ドラマにはほとんど毎日、家族全員が囲んで食事する場面が出ましたよね。

④野菜を売る人が、野菜をこんなに冷遇してもいいの、お母さん?

2

⑤때우지, 때우지

⑥상했네

⑦맛이 갔어요

3

⑧새벽빰 먹꼬　明け方にご飯食べて

⑨정니　整理

⑩한솥빱　同じ釜の飯

第3話 P.064

1

①うちに来てご飯食べる分くらいは働いてもらわないと!

②今日、お父さんが食事の当番だから、買い物に来たの。

③姉さん、願いがかなったわね? 私に似ててと言われて。

④こっちのせりふよ!

2

⑤결혼해야지, 눈칫밥

⑥빼닮았네

⑦인상을 쓰고

3

⑧배콰점　百貨店、デパート

⑨황뉼　確率

⑩솔찌키　正直に、率直に

第4話　P.076

1

①演説を上手にしてこそ指導者になれたんだから、演説のための家庭教師が盛んだったそうだよ。

②これからポラムの家庭教師代にかかるお金がばかにならないようなんです。

③うちの困り者の息子のやつも受け入れてくださって、勉強を教えてくださるので、本当に身の置き所が分かりません。

④子どもがもらってきた成績表を見たら、本当に、きれな言葉が出ません、院長さん。

2

⑤말도 마세요

⑥팔불출

⑦화기애애하게, 나누는

3

⑧질료　診療

⑨열뜽생　劣等生

⑩똑또카 내　利口な子

第5話　P.092

1

①結婚前には言葉だけもっともらしく…。

②世の中で一番ぜいたくな暮らしをさせてやるとか何とか言いながら…。

③ポラムちゃんのおばあさんが婿とひともめしたって？

④来てご飯を一口食べられないほど疲れてるの？

2

⑤주말부부 생활, 우발적으로

⑥손이 미끄러워서

⑦이뻐하실걸(예뻐하실걸)

3

⑧구지　無理に、あえて、頑固に

⑨지반닐　家事

⑩일쌩일때　一生一代、一生涯

第6話　P.108

1

①うちのお義姉さんが本当に揚げ足を取るのが半端じゃないんだけど、震えるわ。

②いつでもお申し付けくださいませ。

③お義兄さんとチェドンのお父さんが衝突したの。

④私が7歩進む間に詩を作ってみよ。

2

⑤챙겨요

⑥불효를 저질렀어

⑦용서를 빌어야

3

⑧월래　元来、元々

⑨절때　絶対

⑩해장꾹　ヘジャングク。二日酔いの不快を除くために飲むスープ

第7話 P.124

1

①携帯メールで知らせてくれたりもするらしいよ？

②おまえはつかつかと掲示板のある所に、人波をかき分けて入っていったんだよ。

③それでもその頃が良かった。情感あったじゃないか。

④だから俺はこうあえて言いたい。

2

⑤쳤잖아

⑥못 떼겠는데

⑦발을 동동거리며

3

⑧실령님　神様

⑨눈뇨기　目の保養、目を楽しますこと

⑩가득까드카다　いっぱいだ、満ちている

第8話 P.140

1

①女の人と出掛けるときは、ただ時間が過ぎてゆくのを待てないと駄目だね。

②一度きちんとごちそうしたい、ごちそうしたいって意気込んでたんですよ。

③あなたが西部のガンマンだとでもいうの？

④だから男は少し離れて放っておけっていう話ですね、お義母さん？

2

⑤일심동체, 일심동체

⑥시원찮았던 거 아닌지

⑦기껏 해 봐야

3

⑧요건만　これだけ

⑨무조껀　無条件 (に)、絶対 (に)、とにかく

⑩실뢰　信頼

第9話 P.156

1

①別に、大して作る物もないわよ。雑煮と串焼きとナムルの類いをいくつか。

②大みそかに小さな年始回りというのがあったんだけど。

③細く切ってごま油としょうゆ、その、刻みニンニクと刻みネギをちょっと入れて、よく混ぜてあえておいて。

④夢に水を差す考えないが。

2

⑤나이 먹어 가는

⑥이치나 사리를 따지지 말고, 잘잘못도 따지지 말고,

⑦호랑이도 제 말 하면 온다더니

3

⑧틀리　入れ歯

⑨장년　昨年、去年

⑩천날　初日

■訳者プロフィール
山下 透（やました とおる）
12歳から KBS など韓国のラジオを聞きながら韓国語学習を始める。天理大学で韓国語を専攻し、夏冬春休みの度に KBS アナウンサー宅にホームステイして韓国語アナウンスを学ぶ。現在、アジア放送研究会会長、亜細亜大学非常勤講師、日韓バイリンガルフリーアナウンサー。韓国・北朝鮮関係やメディア関係の執筆、テレビ番組のインタビュー多数。1979年の初訪韓以来、訪韓歴は200回を超える。2018年、韓国アナウンサー大賞 張基範賞受賞。

改訂版 KBSの韓国語 ラジオドラマ

2021年11月 1日 改訂版初刷発行

著　者　KBS韓民族放送チーム

訳　者　山下 透
デザイン　木下浩一（アングラウン）
ＤＴＰ　新井田晃彦（有限会社共同制作社）、鳴島亮介
印刷・製本　シナノ書籍印刷株式会社

発行人　裵 正烈
発　行　株式会社 HANA
〒102-0072 東京都千代田区飯田橋 4-9-1
TEL：03-6909-9380　FAX：03-6909-9388
E-mail：info@hanapress.com
発　売　株式会社インプレス
〒101-0051 東京都千代田区神田神保町一丁目 105番地

ISBN978-4-295-40620-4 C0087　© KBS 2021　Printed in Japan

● 本の内容に関するお問い合わせ先
HANA書籍編集部
TEL: 03-6909-9380　FAX: 03-6909-9388

● 乱丁本・落丁本の取り替えに関するお問い合わせ先
インプレス カスタマーセンター
TEL: 03-6837-5016 FAX: 03-6837-5023 E-mail: service@impress.co.jp
受付時間 10:00-12:00、13:00-17:30（土日祝日を除く）
古書店で購入されたものについてはお取り換えできません。

● 書店・販売店のご注文受け付け
インプレス 受注センター
TEL: 048-449-8040　FAX 048-449-8041
インプレス 出版営業部
TEL: 03-6837-4635